Gemüsegarten

GRUNDKURS GÄRTNERN

Gemüsegarten

Philippe Asseray

Bassermann

Inhalt

SYMBOLE

- Pflanzen
- Säen
- Bodenbeschaffenheit
- Zeit bis zur Ernte
- Zeitaufwand
- Mittlere Kosten
- Siehe auch

Die Mengenangaben für Saatgut bzw. Setzlinge beziehen sich auf den durchschnittlichen Jahresbedarf von zwei Personen, wenn dieser nur durch die eigene Ernte gedeckt werden soll. Dies ist bei der Berechnung der Anpflanzungen zu berücksichtigen.

12 Grundlagen

Was man wissen sollte

für das Anlegen eines Gemüsegartens

1 Einen Gemüsegar

Zubehör

eine Schaufel, eine Hacke

Gut zu wissen

Oft ist die Versuchung groß, gleich so viel Gemüse wie möglich anzubauen. Beim Ernten wird man dann aber häufig feststellen, dass weniger Produkte in guter Qualität befriedigender sind als viel Gemüse in geringer Qualität. Eine Grundfläche von 30 m² ist für den Anfang ausreichend, um gute Ergebnisse zu erzielen, auch wenn der Ertrag zunächst vielleicht noch gering ist. Mit zunehmender Erfahrung können Sie die Fläche nach und nach ausweiten, bis Ihre Bedürfnisse gedeckt sind.

SOS

In meinem Gemüsegarten hinter dem Haus wächst rein gar nichts …

Wird ein größerer Teil des Gartens durch das Haus beschattet? Dies ist ein typischer Anfängerfehler, denn Gemüse benötigt viel Licht und Sonnenwärme. Daher müssen Sie eine Stelle aussuchen, die nicht im Schatten von Gebäuden, Hecken oder großen Bäumen liegt, ganz abgesehen davon, dass deren Wurzeln das Wachstum Ihrer Pflanzen beträchtlich stören können.

Sie wollen eigenes Gemüse in Ihrem Garten anpflanzen? Das ist ein guter Entschluss, und schon die ersten Ernten werden Sie für Ihre Anstrengungen belohnen. Hier finden Sie einige Ratschläge, wie Sie anfangen können, ohne enttäuscht zu werden.

Wann beginnen?

Es gibt keine festen Regeln, wann ein Gemüsegarten angelegt werden muss.
Falls der Boden bereits umgegraben ist, bietet sich das Frühjahr an, wenn auch in den Blumengärten das große Säen und Anpflanzen beginnt. Auf diese Weise hat man die Chance, schon im ersten Jahr etwas zu ernten. Man kann aber auch erst im Sommer anfangen.
Wenn das Land noch brachliegt, bereitet man den Boden am besten im Herbst und Winter vor, damit man im Frühjahr keine Zeit verliert.

Schritt für Schritt

Unterziehen Sie den Boden Ihres zukünftigen Gemüsegartens zunächst einer genaueren Analyse. Diese können Sie in entsprechenden Labors durchführen lassen, deren Adressen Sie in Gartenmagazinen finden, oder Sie benutzen ein Analyseset aus dem Gartencenter. Auf diese Weise erfahren Sie, ob und welche Aufbereitungsmaßnahmen Sie eventuell ergreifen und wie häufig diese wiederholt werden müssen.

1. Legen Sie einen richtigen Wasseranschluss an, damit später nicht ein überlanger Gartenschlauch herumliegt. Am besten nehmen Sie dazu schwarze Kunststoffrohre, die sich leicht und ohne größere Kenntnisse unterirdisch verlegen lassen (mindestens 60 cm tief).

2. Planen Sie die Zugangswege, aber denken Sie daran, dass weniger Platz für die Beete bleibt, wenn Sie viele Wege haben. Auf einer Fläche von 5 x 6 m benötigt man praktisch nur einen Gang von 1 m Breite, auf dem man mit der Schubkarre alles erreichen kann. Zu beiden Seiten dieses Weges bleibt Ihnen somit Platz für 2 m tiefe Beete.

3. Bauen Sie einen kleinen Schuppen, in dem Sie häufig benötigtes Werkzeug unterbringen und auch selbst etwas Schatten finden.

4. Reservieren Sie eine Stelle, an der Sie einen Komposthaufen für Ihre Pflanzenabfälle anlegen. Den so gewonnenen organischen Dünger werden Sie von nun an jedes Jahr zur Verbesserung des Bodens brauchen.

ten anlegen

Grundfläche 30 m²
3. Schuppen
2. Gehweg, 1 m breit
1. Wasseranschluss
4. Komposthaufen

2 Aufbereitung des

Damit die Wurzeln der Gemüsepflanzen auf der Suche nach Nährstoffen gut in das Erdreich dringen können, muss dieses aufgelockert werden. Traditionell geschieht das durch Umgraben, es gibt aber auch Möglichkeiten, dabei den Boden nicht zu wenden.

Wann vorbereiten?

Dafür gibt es keine festen Regeln. Der Boden muss umgegraben werden, wenn er stark verdichtet ist und neu gesät oder gepflanzt werden soll.
In Gebieten mit milden Wintern wird die Erde im Herbst aufbereitet, wenn sich die Saison dem Ende zuneigt und man schon jetzt Frühjahrsgemüse wie Knoblauch oder Erbsen anpflanzen möchte.
In Regionen mit härteren und niederschlagsreicheren Wintern wartet man besser bis zum Beginn des Frühjahrs.

Schritt für Schritt

1. Durch Umgraben wird der Boden gelockert und eventuell vorhandener Mulch untergegraben. Der Spaten wird senkrecht in den Boden getreten und dann nach hinten gedrückt, um die Scholle umzudrehen.

2. Harken dient zum Glätten der Oberfläche nach dem Umgraben. Es wird am einfachsten mit einer großzinkigen Gartenkralle direkt vor der Aussaat oder dem Pflanzen durchgeführt. Durch Hin- und Herziehen müssen lediglich die obersten 3 cm glatt geharkt werden.

3. Die Doppelgrabgabel ist ein relativ neues Werkzeug, mit dem die Bodenoberfläche aufgebrochen wird, ohne die Schichtung dabei zu verändern. Dazu tritt man die Zinken senkrecht in den Boden und zieht die Gabel dann an den Stielen nach hinten. Nach dem Herausziehen wird sie dann etwa 15 cm weiter erneut eingestochen.

4. Der Motorpflug, auch als Erdfräse bekannt, ist für die Bearbeitung von größeren Flächen gedacht. Halten Sie die Maschine gut fest, und wählen Sie eine Umdrehungsgeschwindigkeit, die den Boden auflockert, aber nicht in die Luft wirft, damit er sich nach dem nächsten Regen wieder problemlos setzen kann.

Zubehör

ein Spaten, eine Harke, eine Doppelgrabgabel

Gut zu wissen

Darüber, ob der Boden umgegraben werden sollte oder nicht, wird schon lange gestritten. Dabei meinen einige, das Umdrehen der Erde sei erforderlich, weil es Schädlinge an die Oberfläche bringt, wo sie gefressen oder vom Frost vernichtet würden, während andere argumentieren, es sei besser, die natürliche Schichtung wegen der nützlichen Mikroorganismen zu erhalten

SOS

So sehr ich mich auch anstrenge, der Spaten will nicht in den Boden …

Vermutlich ist der Boden mit vielen Steinen oder den Wurzeln benachbarter Bäume durchzogen. Ein anderer Grund könnte sein, dass die Erde durch Lehm oder Ton stark verdichtet ist. Verwenden Sie hier eine Grabgabel oder Doppelgrabgabel, deren Zinken viel leichter in den Boden eindringen. Es kann aber auch sein, dass der Boden einfach nur sehr trocken ist. Weichen Sie ihn dann vor dem Umgraben 2 Tage lang mit viel Wasser auf. Möglicherweise braucht aber auch Ihr Spaten einen neuen Anschliff.

Bodens

3 Aussaat im Frei

Im Gegensatz zur Aussaat im Frühbeet, wo die Pflanzen unter besonders günstigen Bedingungen zum Keimen gebracht und später ausgepflanzt werden, kommen die Samen in diesem Fall gleich ins Freie.

Wann säen?

Der genaue Zeitpunkt richtet sich nach den jeweiligen Pflanzen. Nicht gesät werden sollte auf einen gefrorenen, durchnässten oder ausgetrockneten Boden.
In Gegenden mit warmem Klima und milden Wintern kann im Herbst gesät werden.
In allen anderen Regionen wählt man eher das zeitige Frühjahr, sobald keine Nachtfröste mehr zu erwarten sind. Der Zeitraum gegen Ende des Winters ist ebenfalls geeignet, sofern anschließend mit Winterfolie oder einem ähnlichen Schutz abgedeckt wird.

Schritt für Schritt

1. Bereiten Sie den Boden zur Aufnahme der Samenkörner vor. Meistens reicht schon das Aufbrechen der obersten Kruste mit einer Gartenkralle. Glätten Sie die Oberfläche, und entfernen Sie dabei gleich größere Steine und Wurzelreste.

2. Spannen Sie eine Schnur zum Markieren der gewünschten Saatfurche, und benutzen Sie diese als Anhaltspunkt zum Ziehen der Rille mit dem Stielende einer Harke. Ihre Tiefe richtet sich nach den Angaben für die betreffenden Samen auf der Tüte.

3. Verteilen Sie die Samen in der Furche. Man neigt dazu, sie zu dicht nebeneinander auszulegen, aber bei vielen Samen ist es wichtig, bestimmte Abstände einzuhalten. Bei großen Samenkörnern, wie denen von Radieschen, ist das noch recht einfach, doch bei kleinen wird man um ein späteres Auslichten kaum herumkommen.

4. Kennzeichnen Sie die Rillen entsprechend des eingebrachten Saatgutes, und harken Sie diese dann zu. Drücken Sie die Erde mit dem Rücken der Harke etwas an, und wässern Sie von Hand mit einer Gießkanne mit Brauseaufsatz, damit die Samen nicht weggeschwemmt werden. Halten Sie die Erde bis zum Erscheinen der Pflänzchen stets feucht.

ZUBEHÖR

eine Schnur, eine Gartenkralle, eine Harke und Steckschilder

GUT ZU WISSEN

Um sehr kleine Samen gleichmäßig zu verteilen, kann man sie mit feinem trockenen Sand im Verhältnis 1:2 mischen und dann das Gemisch ausstreuen. Es gibt auch Sähilfen aus Silikon, die auf Druck nur jeweils ein Samenkorn ausstoßen. Das Aussäen dauert auf diese Weise zwar länger, man verschwendet aber auch weniger Saatgut.

SOS

Die Vögel fressen meine ganze Aussaat!
Man kann die Vögel durch Auslegen einer Schutzfolie fernhalten, die jedoch unbedingt luft- und wasserdurchlässig sein muss. Sie wird nach dem Erscheinen der jungen Pflänzchen wieder entfernt. Eine andere Möglichkeit besteht darin, einfach mehrere Pflöcke in den Boden zu schlagen und diese ganz locker mit dem Bandmaterial alter Audio- oder Videokassetten zu verbinden. Sie können auch ein paar nicht mehr benötigte CDs aufhängen, die sich im Wind bewegen, Lichtreflexe erzeugen und so die meisten Vögel fernhalten.

beet

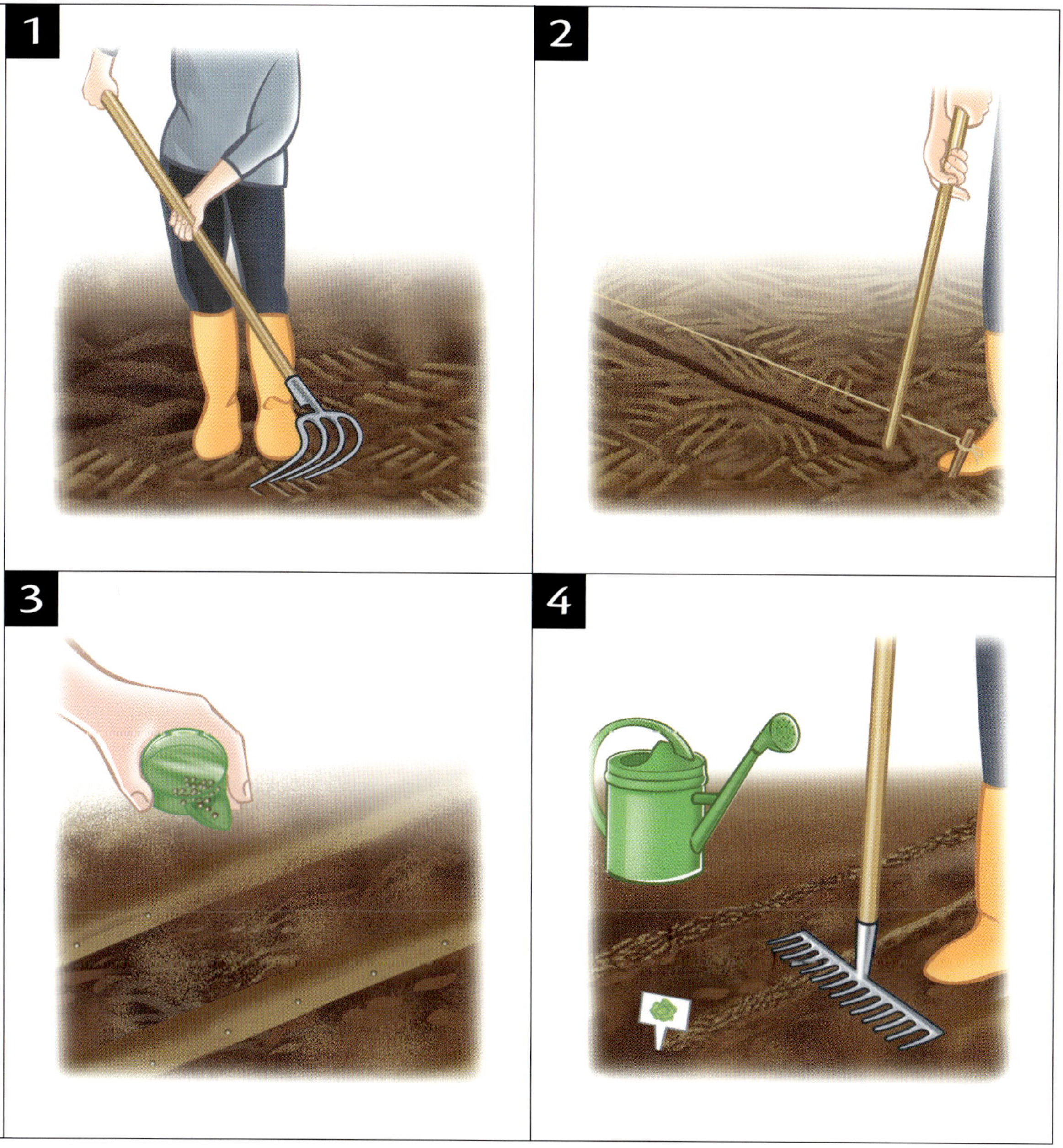

4 Vereinzeln

ZUBEHÖR

eine Hacke oder Harke

GUT ZU WISSEN

Manche Gärtnereien bieten Saatbänder oder Saatplatten an. Diese sind durchaus empfehlenswert, denn bei ihnen sind die Samen zwischen 2 Lagen dünnem, sich schnell auflösendem Papier bereits in den richtigen Abständen angeordnet. Es reicht dann, die Streifen oder Matten auf der aufgeharkten Erde auszulegen, mit einer dünnen Schicht gesiebter Erde zu bedecken und vorsichtig anzugießen. Vereinzeln ist dann natürlich nicht notwendig.

SOS

Ich habe den Zeitpunkt zum Vereinzeln verpasst!

Ihre Pflanzen stehen dicht aneinander gedrängt, zeigen blasse Farben und wachsen vor allem in die Höhe. Keine Panik! Es ist immer noch Zeit, das Vereinzeln nachzuholen. Wässern Sie, und zupfen Sie die überzähligen Pflanzen am nächsten Tag aus, sodass nur alle 5 cm eine stehen bleibt. Mit einer Harke wird nun rund um die empfindlichen Stängel der verbliebenen Exemplare Erde angehäuft und angedrückt. An diesen, nun unterirdischen Teilen der Stängel bilden sich neue Wurzeln, die die Standfestigkeit der etwas vernachlässigten Pflanzen erhöhen.

Vereinzeln (auch als „Auslichten“ bezeichnet) ist das gezielte Entfernen einiger Pflänzchen, damit andere mehr Platz zum Wachsen haben und so ihre normale Größe erreichen. Vereinzeln ist normalerweise nach jeder Aussaat erforderlich.

Wann vereinzeln?

Man vereinzelt in der Regel nur einmal, wenn die Pflänzchen eine Größe von 5 bis 8 cm erreicht haben. Hat man genug Zeit, kann man auch schon eine erste Auslichtung unter den 2 – 3 cm großen Pflanzen vornehmen, indem man in den vorgesehenen Abständen Gruppen stehen lässt, von denen man schließlich in einem zweiten Durchgang nur noch die jeweils stärkste Pflanze behält.

Schritt für Schritt

1. Am Tag vor dem Vereinzeln wird gut gewässert, damit die Erde richtig feucht ist. Das Herausziehen ist dann erheblich einfacher und bewahrt die verbleibenden Pflanzen vor Schäden.

2. Ziehen Sie die überzähligen Pflanzen mit der Hand heraus, indem Sie sie am Ansatz greifen und so ein Abbrechen vermeiden. Um dies noch effektiver zu gestalten, kann man den angrenzenden Boden mit einer Hacke oder der Seite einer Harke vorher auflockern. Der Abstand zwischen den Pflanzen ist von Art zu Art verschieden (z. B. 3 cm bei Radieschen, 8 – 10 cm bei Möhren).

3. Drücken Sie die Erde um die verbliebenen Pflanzen wieder an, damit die Wurzeln in engem Kontakt mit der Erde bleiben. Das Entfernen von Nachbarpflanzen fördert das Wachstum der verbliebenen Exemplare. Gießen Sie nochmals.

4. Werfen Sie die ausgezogenen Pflanzen auf den Kompost. Sind sie groß genug, kann man einige vielleicht sogar schon essen (vor allem bei Möhren und Blattsalaten ist das oft der Fall), oder man pflanzt sie (keine Wurzelgemüse!) in neue Reihen, wo sie sich möglicherweise wieder erholen.

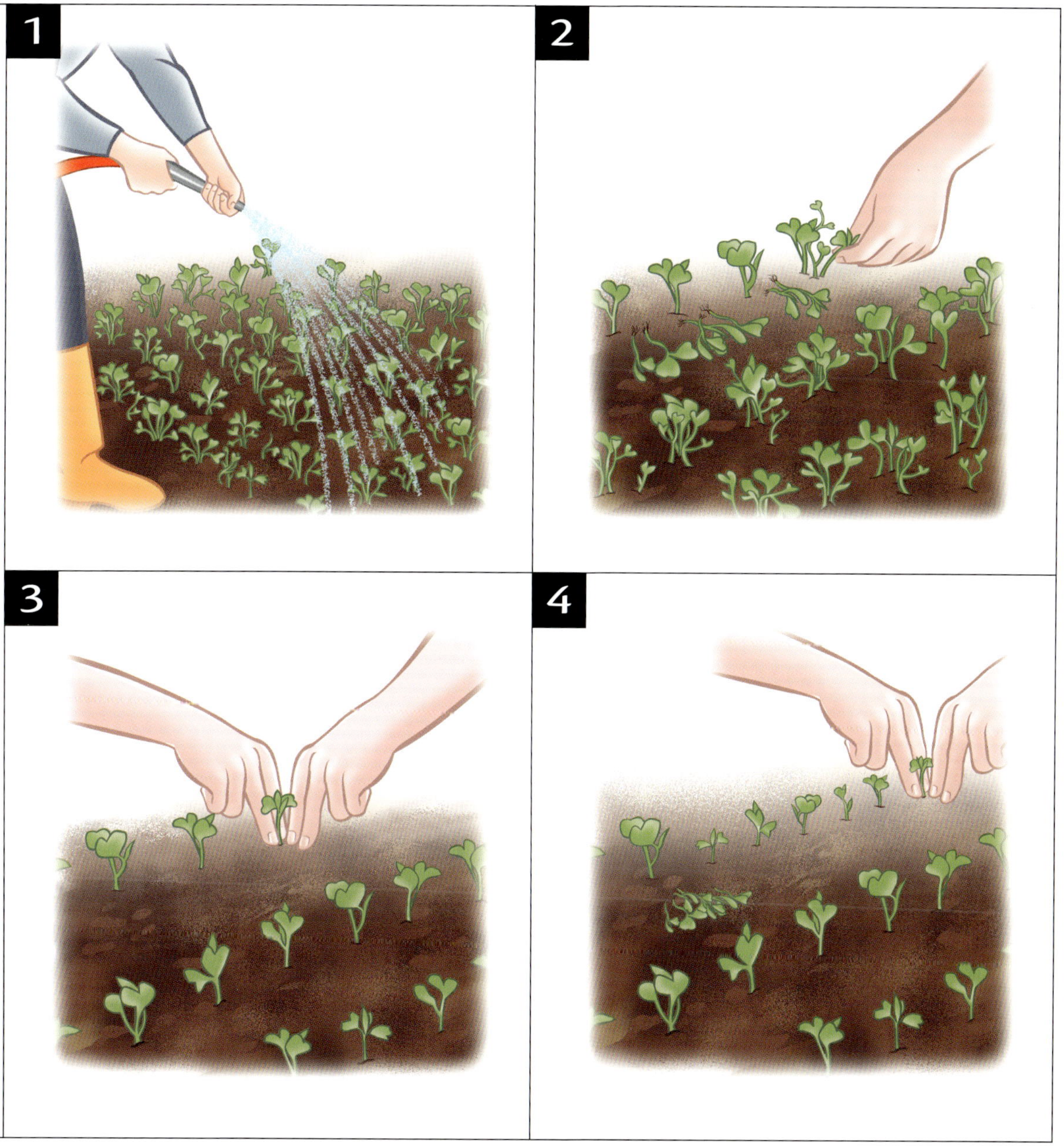
1
2
3
4

5 Verpflanzen

ZUBEHÖR

ein Pflanzholz, Gartenschere

GUT ZU WISSEN

Man kann Wurzelballen eines Setzlings vor dem Pflanzen mit einem Nährsubstrat behandeln. Früher handelte es sich dabei um eine Mischung aus Erde und Kuhmist, heute gibt es im Handel Konzentrate, die zunächst in Wasser aufgelöst und dann auf den Wurzelballen gegeben werden. Dadurch verhindert man, dass dieser zu schnell austrocknet, regt aber auch die Bildung neuer Wurzeln an, sodass sich die Jungpflanze schneller erholt. Man kann grundsätzlich alle Pflanzen mit freiliegenden Wurzeln auf diese Weise vorbereiten.

SOS

Die gesetzten Pflanzen sind völlig erschlafft …

Das passiert häufig, wenn an heißen Tagen ausgepflanzt wird. Am nächsten Tag liegen die Pflanzen wie verwelkt flach auf dem Boden. Der Grund dafür ist Wasserverlust, der durch das vorübergehend funktionsuntüchtige Wurzelwerk nicht wieder ausgeglichen werden kann. Wenn Sie weiterhin regelmäßig wässern, sollten sich die Pflanzen schon nach 2 oder 3 Tagen wieder erholt haben. Blätter, bei denen dieses nicht der Fall ist, können entfernt werden, nachdem die Pflanze neue gebildet hat.

Ein Umsetzen von Pflanzen (Pikieren) ist gewöhnlich dann erforderlich, wenn man diese aus Samen in einem Frühbeet vorgezogen oder als setzfertige Pflänzchen gekauft hat. Besonders häufig gilt das für grüne Gemüse wie Blattsalate, Kohl oder Lauch.

Wann verpflanzen?

Pikiert wird, wenn die Setzlinge eine Größe erreicht haben, in der sie ein Umpflanzen überleben können. Als Faustregel gilt, dass die Stängel den Durchmesser eines Bleistiftes erreicht haben. Es gibt keine feste Zeit zum Umpflanzen, denn es hängt davon ab, wann gesät wurde.

Schritt für Schritt

1. Bereiten Sie die Pflanze vor, indem Sie die Blätter auf die Hälfte und die Wurzeln bis auf 3 cm abschneiden. Um den Zeitaufwand dafür gering zu halten, nimmt man gleich eine ganze Handvoll Pflanzen und stutzt sie mit der Gartenschere gemeinsam zurecht.

2. Machen Sie mit dem Pflanzholz ein senkrechtes Loch in die aufgelockerte Erde.

3. Setzen Sie die Jungpflanze so in das Loch, dass die untersten der oberirdischen Teile mit eingegraben werden. Achten Sie darauf, dass die Wurzeln dabei nicht nach oben weisen, weil dies das Einwachsen erschweren würde.

4. Drücken Sie das Pflanzholz etwa 3 cm neben dem Pflanzloch erneut in den Boden, und schließen Sie durch eine seitliche Bewegung das Loch mit der Pflanze. Gießen Sie anschließend mit der Gießkanne über das noch offene Hilfsloch an.

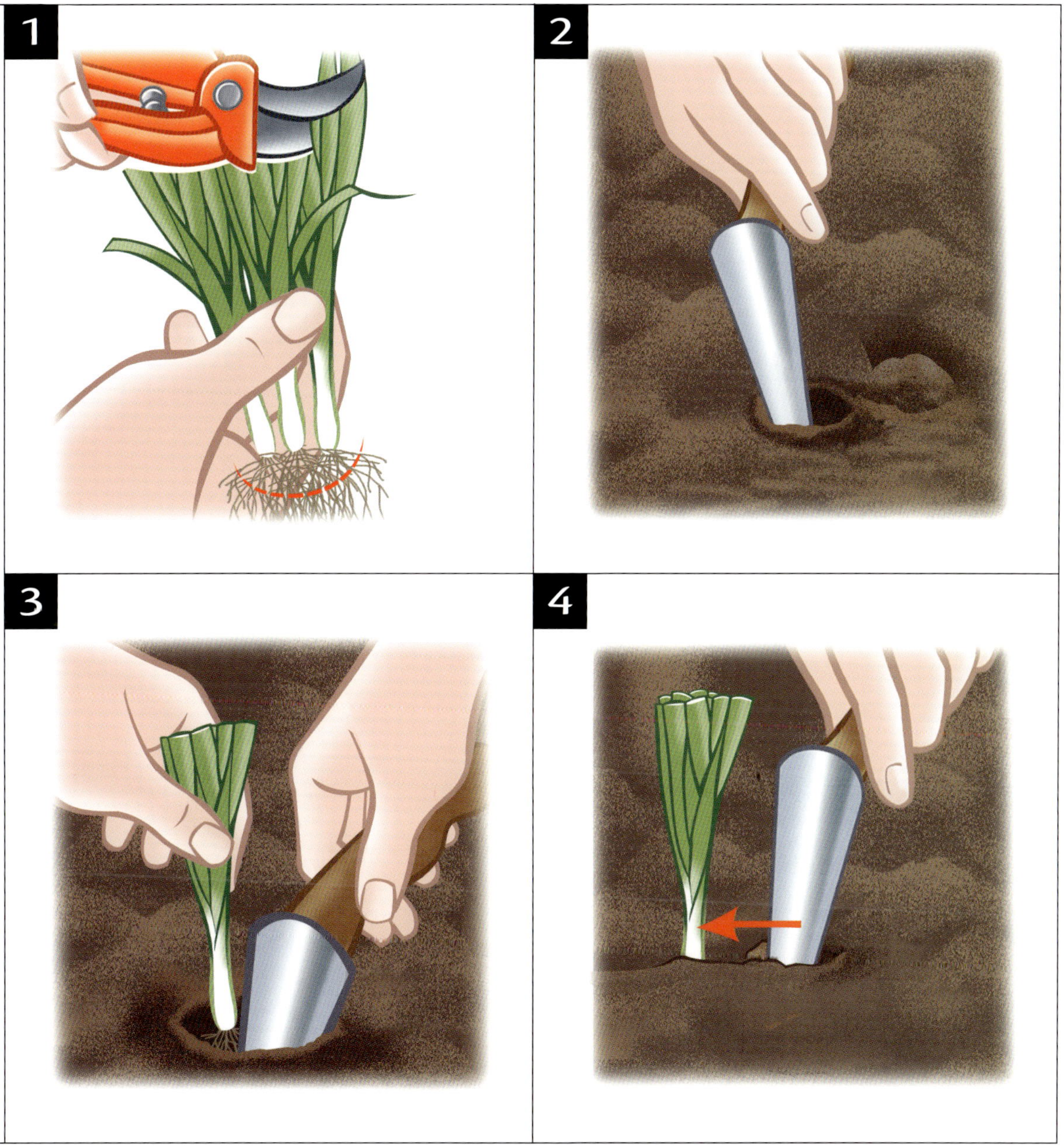
1
2
3
4

6 Vorziehen in Torf

Torftöpfchen sind kleine runde oder quadratische Pflanzgefäße, die aus gepresstem Naturtorf hergestellt wurden. Darin vorgezogene Setzlinge kann man später mitsamt der Töpfe auspflanzen, denn der Torf löst sich in der Erde auf. Auf diese Weise erspart man den Setzlingen den Stress des Pikierens. Man verwendet diese Töpfchen bevorzugt für Gemüse wie Tomaten und Kürbisse.

Wann aussäen?

Es gibt keine festgelegte Zeit für das Aussäen in Töpfchen. Vielmehr muss man ungefähr abschätzen, wann vermutlich kein Frost mehr herrschen wird, und einen Monat vorher mit der Aussaat beginnen. In einer Gegend, wo bis Ende April mit Frost zu rechnen ist, beginnt die Aussaat also Ende März.

Schritt für Schritt

1. Füllen Sie die Töpfchen mit einer Mischung aus gleichen Teilen Komposterde (die genaue Zusammensetzung ist unwichtig) und der Gartenerde, in der die Setzlinge später wachsen sollen. Dadurch müssen sie sich nicht an völlig neue Bedingungen anpassen.

2. Versehen Sie jeden Topf mit 3 Samenkörnern, und drücken Sie jedes einzelne mit dem Finger etwa 1 cm tief in die Erde. Der Abstand zwischen den Samenkörnern sollte rund 3 cm betragen. Decken Sie die Samen mit Erde zu, und drücken Sie diese mit einem passenden Brettchen leicht an.

3. Wässern Sie sofort (Gießkanne mit Brauseaufsatz), und halten Sie die Töpfchen bis zum Auspflanzen stets feucht.

4. Wenn die Setzlinge 8 – 10 cm hoch geworden sind, suchen Sie den jeweils stärksten aus, und entfernen Sie die beiden anderen vorsichtig. Drücken Sie anschließend die Erde wieder an, damit die Wurzeln des verbliebenen Setzlings den Kontakt mit ihr behalten. Wenn der Stängel dieser Pflanze den Durchmesser eines Bleistifts erreicht hat, ist es an der Zeit, ihn mit seinem Töpfchen auszupflanzen.

Zubehör

ein Andrückbrettchen und eine kleine Gießkanne

Gut zu wissen

Feucht gewordene Torftöpfchen zerfallen sehr schnell. Lagern Sie diese daher bis zu ihrem Bepflanzen möglichst trocken! Damit Sie sie vor Gebrauch so wenig wie möglich anfassen müssen, können Sie sie dicht an dicht in Obststiegen oder andere flache Kisten stellen und dort belassen, bis Sie sie schließlich zum Einsatz kommen. Auch dabei sollten Sie sie nur einmal in die Hand nehmen.

SOS

Meine Setzlinge verwelken plötzlich in ihren Töpfchen …

Nachdem sich Ihre Setzlinge so gut entwickelt haben, dass ihre Wurzeln bereits durch die Wände der Torftöpfchen wachsen, beginnen sie nun plötzlich zu schwächeln. Der Grund ist, dass die Wurzeln ins Leere wachsen. Solche Pflanzen müssen nun umgehend in den Garten verpflanzt werden. Vorsicht! Die sehr feinen, freiliegenden Wurzeln brechen leicht ab.

töpfchen

7 Vorgezogene

Die meisten Setzlinge für den Gemüsegarten werden pflanzfertig in kleinen Plastiktöpfchen angeboten. Auf diese Weise umgeht man die mit der Aussaat verbundenen Risiken, und die Pflänzchen erholen sich nach dem Setzen schnell.

ZUBEHÖR

ein Pflanzholz und eine Gießkanne

GUT ZU WISSEN

In Torftöpfchen vorgezogene Setzlinge werden mitsamt der Behälter ausgepflanzt, die sich dann durch die Feuchtigkeit des Bodens zersetzen. Damit dies vollständig geschieht, sollten sich die Oberkanten der Töpfchen 2 cm unter der Erde befinden. Auf diese Weise trocknet die Oberfläche des Topfinhaltes nicht sofort in der Sonne aus.

SOS

Obwohl ich gut gieße, wachsen meine Setzlinge nicht …

Sie haben vergessen, die Töpfe vor dem Setzen gründlich einzuweichen. Die zum Vorziehen verwendete Erde enthält gewöhnlich Torf, der trocken schlecht Wasser annimmt. Auch wenn die Pflanze nun in der Erde steckt, bildet die trockene Erde um den Setzling eine Barriere, die das Gießwasser nicht durchdringen kann. Dieses Problem lässt sich durch das vorherige Einweichen vermeiden. Wenn Sie Ihre Pflanzen bereits gesetzt haben, bleibt Ihnen nichts anderes übrig, als sie wieder auszugraben und das Aufweichen nachzuholen.

Wann auspflanzen?

Im Sommer fruchtende Gemüse wie Tomaten werden gesetzt, wenn nicht mehr mit Nachtfrösten zu rechnen ist, also etwa ab Mitte Mai.
Grüne Gemüse wie Blattsalate und Spinat setzt man im Frühjahr (März oder April) oder am Ende des Sommers im September.
Kohl pflanzt man im Juni für die Ernte im Winter oder im Oktober für die Ernte im Frühjahr.
Gewürzpflanzen kommen im März in den Boden, sollten aber zunächst noch mit Winterfolie geschützt werden, wenn mit frostigen Nächten zu rechnen ist.

Schritt für Schritt

1. Weichen Sie die Töpfchen komplett in Wasser ein, bis aus der Erde keine Luftblasen mehr aufsteigen. Das kann durchaus 15 Minuten dauern.

2. Drücken Sie auf die Seiten der Töpfe, damit sich der Erdballen daraus löst. Gelingt das nicht, versuchen Sie nicht, die Pflanze einfach herauszuziehen, denn dadurch könnten die Wurzeln beschädigt werden. Schneiden Sie stattdessen den Topf mit einer Schere seitlich auf.

3. Machen Sie mit dem Pflanzholz ein Loch in der aufgelockerten Erde, in das der komplette Wurzelballen mit seiner Pflanzerde bequem hineinpasst. Füllen Sie das Loch anschließend auf, und drücken Sie die Erde mit den Fingern an, sodass keine größeren Hohlräume zurückbleiben. Legen Sie anschließend aus Erde einen kleinen Gießring um den Setzling an.

4. Wässern Sie sofort mit der Gießkanne in den Gießring, und zwar ungefähr einen Liter Wasser pro Pflanze. Hier geht es nicht darum, der Pflanze Wasser zuzuführen, sondern das umgebende Erdreich mit der Pflanzerde einschließlich der Wurzeln in Kontakt zu bringen. Ab jetzt muss jeden Tag gewässert werden, bis die Setzlinge durch den Austrieb neuer Blätter deutlich anzeigen, dass sie gut eingewurzelt sind. Nun muss nur noch gewässert werden, um die Erde feucht zu halten, denn sie darf nie völlig austrocknen.

Pflanzen setzen

8 Ernten

Zubehör

eine Grabgabel

Gut zu wissen

Im Sommer verliert das Gemüse im Verlauf eines Tages viel Wasser. Man erntet daher am besten am Morgen, wenn die Pflanzen die Kühle der Nacht nutzen konnten, um Feuchtigkeit aufzunehmen. Da entwurzelte Pflanzen oder abgepflückte Teile nicht mehr von ihren Wurzeln ernährt werden, verlieren sie neben Wasser auch zunehmend an Geschmack. Man sollte Gemüse daher erst an dem Tag ernten, an dem man es verwenden will, und bis zur Zubereitung kühl lagern.

SOS

Gemüse nachreifen lassen

Zum Ende der Saison sind oftmals viele Tomaten, Paprikaschoten und andere Früchte noch nicht richtig reif. Dennoch drohen jetzt die ersten Nachtfröste, die das Erntegut mit einem Schlag vernichten würden. Damit dies nicht passiert, erntet man die Früchte in ihrem unreifen Zustand und lagert sie zusammen mit einer reifen Banane in Stiegen oder Körben an einem frostsicheren Ort im Haus. Die Banane gibt Äthylen ab, ein harmloses Gas, das den Reifeprozess anderer Früchte beschleunigt.

Dies ist der Moment, auf den der Gemüsegärtner schon lange gewartet hat – er kann endlich die Früchte seiner Arbeit ernten. Es ist eine Gelegenheit, die ganze Familie zu beteiligen und an dem frischen Geschmackserlebnis teilhaben zu lassen.

Wann ernten?

Ernten Sie Ihrem Bedarf entsprechend, und verwenden Sie die jeweils am weitesten entwickelten Pflanzen. Folglich beginnt man nicht, Radieschen vom Anfang der Setzreihe bis zu deren Ende zu ernten, sondern sucht jedes Mal die größten aus. Paprika pflückt man folglich auch nicht von oben nach unten, sondern wählt bevorzugt solche aus, die am kräftigsten rot sind, egal wo sie sich an der Staude befinden.

Schritt für Schritt

1. Wässern Sie das Beet am Vorabend der Ernte, sodass sich die Pflanzen noch einmal richtig vollsaugen und man ihre Wurzeln leichter herausziehen kann.

2. Blattgemüse wie Salat und Spinat werden mit einem Messer an ihrem Ansatz abgeschnitten. Dazu hebt man die untersten Blätter an und schneidet direkt über der Erdoberfläche ab.

3. Bei fruchtenden Gemüsen wie Bohnen oder Tomaten bricht man nur den Stiel ab, an dem die Frucht hängt. Damit dabei nicht etwa die ganze Pflanze zerstört oder entwurzelt wird, hält man den Stiel mit der einen Hand fest, während man die Frucht mit der anderen abbricht.

4. Wurzelgemüse wie Möhren werden mit einer Grabgabel aus der Erde gehebelt, während man gleichzeitig an den Blättern zieht. Der Einstich muss tief genug erfolgen, damit die Wurzel weder beschädigt wird noch abbricht. Die geernteten Wurzeln werden dann in einem Eimer Wasser von der anhaftenden Erde befreit.

Damit nicht zu viel Gemüse auf einmal zur Ernte ansteht, sollte schon die Aussaat und das Auspflanzen in zweiwöchigem Abstand erfolgen.

1

2

3

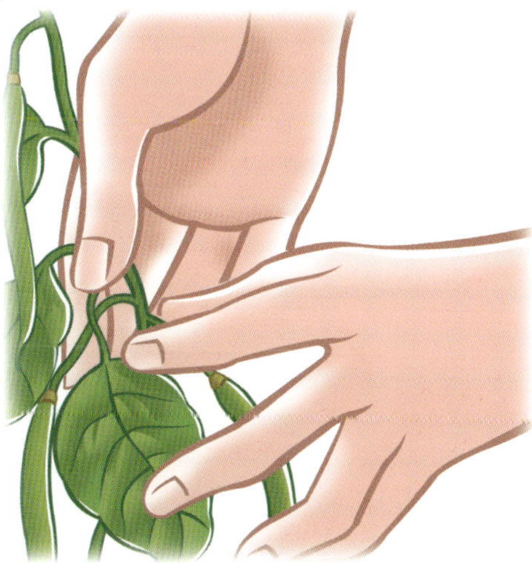

4

9 Wässern

Wässern kann dem Gärtnerneuling wie der reinste Frondienst vorkommen. Es ist aber unbedingt notwendig, wenn man gutes Gemüse ernten will. Damit sich der Zeitaufwand in erträglichen Grenzen hält, bedarf es eigentlich auch nur des gesunden Menschenverstandes und einiger Tricks.

Wann wässern?

Im Frühjahr und Herbst wässert man vorzugsweise am Morgen. Dann ist es zumeist noch kühl, und die Pflanzen nehmen unter diesen Bedingungen gut Feuchtigkeit auf. Im Sommer wässert man am Abend. Auf diese Weise verliert man nicht nur weniger Flüssigkeit durch Verdunstung, sondern das Gemüse hat auch die ganze Nacht Zeit, genug Wasser aufzunehmen, um den nächsten Tag zu überstehen.

Schritt für Schritt

1. Richten Sie die Brausetülle der Gießkanne nach oben, und versuchen Sie dann durch eine entsprechend gewählte Neigung der Kanne einen möglichst großen Wasserfächer zu erzeugen. Dadurch treffen die Wassertropfen mit weniger Wucht auf die Pflanzen und den Boden.

2. Tropfschläuche sind ideal für Gemüse, die Wasser auf ihren Blättern nicht gut vertragen, etwa Tomaten. Man verlegt den speziellen Schlauch auf dem Boden zwischen den Pflanzen und schließt ihn am Wasserhahn oder einfach an einem Regenwasserspeicher an (das System funktioniert schon mit sehr geringem Druck). Anschließend sickert auf der gesamten Länge Wasser genau dort aus, wo es benötigt wird.

3. Bewässerungsrinnen eignen sich vor allem für längere Beete. Sie werden zwischen den Zeilen neuer Aussaaten, ausgepflanzter Paprikastauden oder auch zwischen den Reihen bereits eingewachsener Bohnen angelegt. Dann wird lediglich ein Schlauch an eines der beiden Enden gelegt (ohne Düse) und das Wasser aufgedreht. Die Rinne füllt sich und das Wasser versickert langsam im angrenzenden Erdreich, ohne Schaden anzurichten.

4. Bei einer programmierbaren Bewässerungsanlage ist es egal, ob Sie in der Nähe sind oder nicht. Sie muss lediglich so eingestellt werden, dass sie zu einem gewünschten Zeitpunkt und für eine vorgewählte Dauer den Wasserfluss freigibt.

Zubehör

eine Gießkanne, ein Tropfschlauch, ein Regenmesser und eine Steuereinheit

Gut zu wissen

Eine feuchte Bodenoberfläche bedeutet nicht zwangsläufig, dass der Garten gut gewässert ist. Wichtig ist vielmehr, dass die tieferen Bereiche feucht sind, damit die Wurzeln sich dorthin ausbreiten und so auch eine vergessene Wässerung überstehen können. Um zu erfahren, wie viel Regen auf ein Gemüsebeet gefallen ist, benötigt man einen Regenmesser. Dieser besteht aus einem konisch zulaufenden Plastikgefäß mit eingeprägter Skalierung, das man in ein Beet steckt. Ein Millimeter entspricht einem Liter pro m²; einmal Wässern sollte im Mittel 5 mm ergeben.

SOS

Meine Pflanzen mögen mein Gießen nicht …

Im Sommer kann das daran liegen, dass das Gießwasser – im Vergleich zur Bodentemperatur – zu kalt ist. Besonders Keimlinge und Jungpflanzen vertragen keine Kälteschocks und gehen dann häufig ein. Man sollte daher speziell für diese Pflanzen Gießwasser in einem Wasserspeicher oder einer großen Tonne aufbewahren, wo es die Umgebungstemperatur annehmen kann.

1
2
3
4

10 Schutzmaßnah

Eis, Wind, Schädlinge – es gibt eine ganze Reihe von Widrigkeiten, vor denen ein Gemüsebeet geschützt werden muss. Es bedeutet jedoch nicht, dass man es in eine Festung verwandelt. Hier finden Sie ein paar nützliche Tipps.

Wann schützen

Im Frühjahr vor späten Frosteinbrüchen und Schnecken.
Im Sommer hat das Gemüsebeet Ruhe.
Im Herbst gegen Wind und Sturm.
Im Winter gegen Eis und Schnee.

Schritt für Schritt

1. Winterfolie ist der beste Schutz vor Frost. Es handelt sich um ein sehr feines, leichtes Gewebe, das luft- und wasserdurchlässig ist und das man in unterschiedlicher Länge und Breite im Fachhandel erhält. Man verlegt diese Folie auf Gemüsebeeten oder wickelt Obstbäume darin ein, um sie vor leichtem Frost zu schützen.

2. Das Frühbeet ist eine mehr oder weniger flache, kastenartige Konstruktion aus Holz oder Beton mit einem aufklappbaren Glasdach, ganz ähnlich einem Gewächshaus. Hier lassen sich Jungpflanzen im Frühjahr sowohl zum schnelleren Wachstum als auch vor späten Nachtfrösten geschützt unterbringen. Bei schwerem Frost kann es zusätzlich mit Strohmatten abgedeckt werden.

3. In Reihen angepflanzte Obstbäume neben den Gemüsebeeten liefern nicht nur frische Früchte, sondern bilden auch einen natürlichen Schutz vor Wind, der niedrige Temperaturen noch verstärkt und den Boden austrocknet. Sie sollten aber keine hochwüchsigen Bäume wählen, damit diese die Beete nicht übermäßig beschatten.

4. Holzasche bildet eine sehr effektive Barriere für Schnecken, die größten Feinde aller Gemüsebeete. Man sollte stets einen ausreichenden Vorrat zur Hand haben, um damit Streifen um Aussaaten und Jungpflanzen ausstreuen zu können. Diese müssen nach jedem Regen erneuert werden.

Zubehör

Winterfolie und ein Frühbeet

Gut zu wissen

Wässern gegen Frost ist eine althergebrachte Methode der Obstbauern. Wenn mit morgendlichem Frost zu rechnen ist, werden am Abend zuvor sämtliche Obstbäume vollständig nass gemacht. Das Wasser gefriert dann natürlich, bildet aber gleichzeitig auch eine Hülle um die Knospen und neuen Triebe, die sie vor eisigem Wind und damit vor dem Erfrieren schützt. Obwohl sich das vielleicht nicht ganz logisch anhört, sollten Sie es unbedingt ausprobieren, wenn Ihre Bäume bereits Knospen haben und Frost zu erwarten ist.

SOS

Wann besteht die größte Nachtfrostgefahr?
Besonders groß ist die Nachtfrostgefahr ab dem ersten Neumond im April. Dann kann es tagsüber schon angenehm mild sein, während in sternenklaren Nächten die Temperaturen durchaus wieder unter den Gefrierpunkt fallen können. Da dies bei einer Wolkendecke nicht passiert, sollten Sie in dieser Zeit sowohl den Wetterbericht als auch den Himmel besonders aufmerksam beobachten und gegebenenfalls Schutzmaßnahmen ergreifen.

men

1

2

3

4

11 Spritzen

Zubehör

eine Druckluft-Sprühflasche

Gut zu wissen

Heute werden in Gärten fast nur noch Spritzmittel angewendet, die die Umwelt möglichst wenig schädigen. Solche Mittel haben eine begrenzte Haltbarkeitsdauer, danach werden sie schnell unwirksam, und man muss sie als Sondermüll entsorgen.
In Wasser aufgelöst, beträgt die Haltbarkeit zumeist sogar nur wenige Stunden. Lagern Sie Vorräte entsprechend den Herstellerempfehlungen und außerhalb der Reichweite von Kindern und Haustieren.

SOS

Meine Behandlungen haben keine Wirkung!
Spritzmittel müssen dann eingesetzt werden, wenn die entsprechenden Schädlinge am empfindlichsten darauf reagieren.
Außerdem sind die Dosierungs- und Anwendungsvorschriften für das jeweilige Produkt genau zu befolgen. Ein Mittel gegen Raupen hilft also wenig, wenn sich diese bereits in Falter verwandelt haben oder wenn Sie nicht auch die Blattunterseiten einsprühen, wo sich die Raupen bevorzugt aufhalten. Halten Sie sich an die Herstelleranweisungen, und das Produkt wird seine Wirkung auch entfalten.

Biogärtner werden bei dem Begriff „Spritzen" möglicherweise zusammenzucken, aber auch wenn eine chemische Schädlingsbekämpfung im Gemüsegarten nicht zur Regel werden muss, so kann sie manchmal doch die einzige Möglichkeit sein, die Ernte zu retten.

Wann NICHT spritzen?

Spritzen Sie nicht, wenn es sehr kalt oder sehr warm ist. Den optimalen Temperaturbereich finden Sie auf der Verpackung des entsprechenden Produktes.
Spritzen Sie nicht bei windigem Wetter. An solchen Tagen gelangt das Spritzmittel oft gar nicht an die Stellen, für die es gedacht ist; außerdem besteht eine erhöhte Gefahr, dass Sie selbst größere Mengen des Mittels abbekommen.
Spritzen Sie nicht in den letzten 2 Wochen vor der geplanten Ernte Ihres Gemüses, weil dieses sonst noch mit Rückständen des Spritzmittels belastet sein könnte.

Schritt für Schritt

1. Tragen Sie Gummihandschuhe, eine Schutzbrille und eine Atemmaske. Auch wenn Sie dadurch ein wenig wie ein Astronaut aussehen, sollten Sie jede mögliche Maßnahme nutzen, um einen direkten Kontakt mit dem Spritzmittel zu vermeiden, vor allem im Gesicht.

2. Setzen Sie das Spritzmittel direkt in der Druckluft-Sprühflasche und nur in der sofort benötigten Menge an. Beachten Sie dabei unbedingt die vom Hersteller vorgeschriebene Verdünnung; eine zu starke Konzentration würde Ihre Pflanzen schädigen. Schließen Sie den Behälter, und schütteln Sie ihn gut durch.

3. Besprühen Sie die Pflanzen von oben nach unten, und verteilen Sie das Mittel auf allen oberirdischen Teilen der Pflanze, und zwar sowohl auf den Ober- als auch Unterseiten. Stellen Sie dazu die Sprühdüse auf einen breiten Fächer ein.

4. Reinigen Sie die Sprühflasche sofort nach Abschluss der Arbeiten mit klarem Wasser, und versprühen Sie dieses ebenfalls auf den Pflanzen. Gießen Sie es keinesfalls einfach in den Ausguss oder eine Sickergrube! Spritzmittel sind hochgiftig. Wiederholen Sie die Behandlung entsprechend den Herstellerempfehlungen.

1
2
3
4

12 Unkraut jäten

ZUBEHÖR

eine Gartenhacke und ein Spargelstecher

GUT ZU WISSEN

Der nachfolgende Trick zur Beseitigung von Unkraut wurde schon zu Großvaters Zeiten angewendet. Zur Durchführung wird ein neu geplantes Beet umgegraben, übergeharkt und gut gewässert. Daraufhin keimen alle in den oberen Schichten lagernden Samen der Unkräuter schnell aus. Diese lässt man wachsen, bis sie 3 – 4 cm Höhe erreicht haben, und entfernt sie dann systematisch mit der Hacke. Das Feld ist nun „sauber" und kann mit Saatgut oder Pflänzchen bestellt werden.

SOS

Wie halte ich Unkraut vom Kompost fern?

Grundsätzlich sollte kein Unkraut auf den Komposthaufen gelangen, denn dort gedeiht es natürlich besonders gut und verbreitet seine Samen dann mit dem Wind. Außerdem gelangt es auch wieder auf die Beete, wenn man den Kompost zum Düngen verwendet. Damit nicht versehentlich gejätetes Unkraut mit anderen Pflanzenabfällen auf den Haufen gelangt, sollte man es sammeln, verbrennen und dann nur die Asche auf den Kompost geben.

Unkraut jäten ist vor allem für Anfänger ein Albtraum. Es ist aber unumgänglich, denn kein Boden ist frei von Unkrautsamen. Der Zeitaufwand lässt sich mit guter Planung aber im Rahmen halten.

Wann Unkraut jäten?

Am besten sofort, wenn man es entdeckt. Warten Sie zu lange, breitet es sich aus und wird zu einer regelrechten Plage. Unkräuter erscheinen ab dem Frühjahr und sind besonders auf Brachflächen gut zu sehen. Damit sie sich nicht von dort aus weiterverbreiten, kann man die freien Beete einfach abdecken, z. B. mit alten Verpackungskartons. Eine andere Möglichkeit ist das Aussäen von Gründünger. Man nimmt dazu am besten dichte Bodendecker wie etwa Luzerne, die das Unkrautwachstum erheblich einschränken.

Schritt für Schritt

1. Geben Sie Unkräutern keine Chance zur Entwicklung! Gehen Sie nach dem Setzen Ihrer Pflanzen jeden zweiten Tag mit der Hacke durch die Räume zwischen Ihren Setzlingen, und entfernen Sie neue Unkräuter.

2. Mulchen Sie Ihre Beete, wenn die Setzlinge etwa 10 cm Höhe erreicht haben. Das Abdecken des Bodens um diese herum hält nicht nur die Bodenfeuchtigkeit, sondern hindert auch Unkräuter am Auskeimen. In Gemüsebeeten verwendet man dazu bevorzugt Materialien, die sich im Laufe der Saison zersetzen, also z. B. Flachsschrot oder Hanfbruch, die nach der Ernte einfach in den Boden untergeharkt werden können und diesen dadurch besser bearbeitbar machen.

3. Unkräuter mit langen Pfahlwurzeln lassen sich am besten mit einem Spargelstecher entfernen. Wenn Sie sie einfach nur herausziehen, reißen Sie sie oft ab, und die verbliebene Wurzel treibt erneut aus.

4. Säen Sie auf brachliegenden Flächen Gründüngerpflanzen aus, z. B. Luzerne, Senf, Lupine, Bienenfreund oder Klee, die man als Saatgut in Gärtnereien erhält. Diese Pflanzen bilden eine dichte Decke, die das Wachstum von Unkräutern erheblich erschwert. Will man das Beet dann nutzen, werden diese Pflanzen einfach untergegraben und dienen so als organischer Dünger.

1

2

3

4

Jahreskalender

Notwendige Arbeiten im Verlauf des Jahres

für Pflegemassnahmen

Der Gemüse-garten im Frühjahr

März	
Vorbereiten	Beete, auf denen gesät werden soll
Aussäen	Ackerbohnen, Blumenkohl, Grüne Bohnen, Erbsen, Gemüsekohl, Haferwurzel, Herbstrüben, Kohlrabi, Kopfsalat, Paprika, Radieschen, Rosenkohl, Rucola, Schnittsalat, Spinat, Tomaten Gründüngerpflanzen auf Flächen, die nicht in den nächsten Wochen bestellt werden sollen
Pflanzen	Bohnenkraut, Kartoffeln, Knoblauch, Knollenziest, Küchenzwiebeln, Rhabarber, Schalotten, Schnittlauch, Thymian, Topinambur
Anhäufeln	
Aufpassen	Auf Schnecken achten
Wässern	Alle Aussaaten, damit die Erde feucht bleibt
Ernten	

Zu beachten

→ Decken Sie neue Beete im März noch mit Winterfolie ab.
→ Warten Sie mit dem Anpflanzen von fruchttragendem Gemüse wie Tomaten, Paprika, Bohnen etc. bis Mai, da sich Nachtfröste fatal auswirken.
→ Säen Sie in ein- bis zweiwöchentlichen Abständen aus, damit Sie später gestaffelt ernten können.
→ Lassen Sie das Unkraut nicht aus den Augen, und decken Sie ungenutzte Beete möglichst ab.

April	Mai
Beete, auf denen gesät werden soll	Beete, auf denen gesät werden soll
Blumenkohl, Bohnen, Dill, Erbsen, Fenchel, Gemüsekohl, Haferwurzel, Herbstrüben, Mais, Melonen, Möhren, Kohlrabi, Kopfsalat, Lauch, Mangold, Paprika, Radieschen, Rosenkohl, Rote Bete, Rucola, Schnittsalat, Speisekürbis, Spinat, Tomaten, Zucchini	Blumenkohl, Bohnen, Endivien, Erbsen, Fenchel, Gemüsekohl, Gurken, Haferwurzel, Herbstrüben, Kohlrabi, Kopfsalat, Lauch, Mais, Mangold, Melonen, Möhren, Paprika, Radieschen, Rosenkohl, Rote Bete, Rucola, Schnittsalat, Speisekürbis, Spinat, Zucchini
Artischocken, Auberginen, Basilikum, Bleichsellerie, Bohnenkraut, Estragon, Kartoffeln, Knollensellerie, Minze, Rhabarber, Schnittlauch, Thymian, Topinambur	Auberginen, Basilikum, Bleichsellerie, Estragon, Knollensellerie, Kartoffeln, Tomaten
Kartoffeln	Bohnen, Kartoffeln
Auf Schnecken achten	Auf Schnecken achten
Alle Aussaaten, damit die Erde feucht bleibt	Aussaaten und Beete
Schnittsalat, Radieschen	Ackerbohnen, Erbsen, Grüne Bohnen, Erbsen, Herbstrüben, Kohlrabi, Kopfsalat, Radieschen, Rhabarber, Rucola, Schnittlauch, Schnittsalat, Spargel, Spinat

Zwei Vorschläge *Beispiele*

Die ersten Versuche

Sie wollen sich wirklich auf einen Gemüsegarten einlassen? Nun gut, hier finden Sie 2 Vorschläge für je 30 m², die Ihnen bei der Planung helfen sollen. Der erste ist eine klassische Anlage aus 2 großen Parzellen, der zweite eine Art Mosaik aus kleineren Beeten. Suchen Sie sich einen Entwurf aus, und passen Sie ihn Ihrem Geschmack, Ihrem Klima und der Größe Ihres Gartens an.

1. Der einfache Gemüsegarten

Wie wird's gemacht?

1. 1 Reihe Himbeersträucher und daneben jeweils 1 Lupine, die die Würmer von den Früchten fernhält.
2. Pflanzen Sie die Tomaten direkt neben ihre Stützen, sobald keine Frostgefahr mehr besteht.
3. Setzen Sie den Knoblauch in die Nähe der Tomaten, denn er schützt sie vor Krankheiten.
4. Säen Sie im März die Radieschen, und ernten Sie sie 4 – 5 Wochen später.
5. Säen Sie Lauch und Kohl in Frühbeeten aus, und pflanzen Sie sie im Sommer um.
6. Legen Sie 2 getrennte Gewürzbeete an, eines für Petersilie und Basilikum, die beide einen ständig feuchten Boden benötigen, und eines für Pflanzen, die es trockener mögen, etwa Bohnenkraut, Thymian und Schnittlauch.
7. Setzen Sie die Kartoffeln. Hier erübrigt sich eine Staffelung, denn sie können gelagert werden.
8. Säen Sie in zweiwöchigen Abständen eine Reihe Grüne Bohnen, damit Sie versetzt ernten können.
9. Säen Sie den Kopfsalat in der Nähe der Bohnen, die vergleichbare Ansprüche an die Bodenfeuchtigkeit haben. Schützen Sie ihn mit Holzaschestreifen oder Schneckenkorn gegen Schnecken.

Gut zu wissen

Kartoffeln und Bohnen sind anfällig für späte Nachtfröste und sollten zunächst noch mit Winterfolie abgedeckt oder anderweitig geschützt werden.

Kürzen Sie Gewürzpflanzen wie Petersilie, Basilikum und Schnittlauch ein, wenn sie noch jung sind. Schneiden Sie dazu die Hälfte aller Triebe bis auf den Grund ab, damit sie neu austreiben.

Wenden Sie den Komposthaufen, damit das Innere belüftet und der Zersetzungsprozess beschleunigt wird. Letzteres wird außerdem durch steigende Temperaturen begünstigt.

2. Das Gemüsegarten-Mosaik

Wie wird's gemacht?

1. Binden Sie die neuen Triebe der Obststräucher am Spalier an, und lockern Sie ältere Befestigungen.
2. Setzen Sie die Gewürzpflanzen entsprechend ihrer Bedürfnisse: ständig feuchter Boden für Petersilie und Basilikum, trockenerer für Bohnenkraut, Thymian und Schnittlauch.
3. Pflanzen Sie die Tomaten, wenn keine Frostgefahr mehr besteht.
4. Setzen Sie Auberginen und Paprika direkt neben ihre Stützen, und mulchen Sie den Boden rund um die Pflanzen, um sie vor Frost zu schützen. Wählen Sie dazu Mulch mit dunkler Farbe, weil der sich in der Sonne schneller erwärmt.
5. Setzen Sie die stark wuchernden Zucchini so, dass jeder Pflanze etwa 1 m² Platz zur Verfügung steht.
6. Pflanzen Sie den Kopfsalat. Kaufen Sie schnellwüchsige Sorten, und schützen Sie sie gegen Schnecken.
7. Säen Sie im März die Radieschen, und ernten Sie sie 4 – 5 Wochen später.
8. Säen Sie Lauch im Frühbeet aus, und pflanzen Sie die stärksten Setzlinge im Sommer um.
9. Setzen Sie Knoblauch in der Nähe der Möhren, da er diese vor Krankheiten schützt.
10. Säen Sie die Möhren im April.

Gut zu wissen

Pflanzen Sie die Tomaten, Paprika oder die Auberginen an die Südseite der zuvor die Erde geschlagenen Stützen. Lassen Sie keine ungenutzten Bodenflächen brachliegen, sondern decken Sie diese mit einer 8 – 10 cm hohen Schicht Mulch oder mit Pappe ab.

1. Der einfache Gemüsegarten

Welche Gemüsesorten?

① Rote Johannisbeere (*Ribes rubrum* 'Junifer'; 3 Sträucher) und Himbeeren (*Rubus idaeus* 'Heritage'; 8 Sträucher).
② Tomaten (*Lycopersicon esculentum* 'Roma; 3 Reihen mit je 3 Pflanzen).
③ Knoblauch (*Allium sativum* 'Violet de Cadours'; 2 Reihen mit je 10 Pflanzen).
④ Radieschen (*Raphanus sativus* 'Mirabeau'; etwa 1 m² als Auswurfsaat).
⑤ Lauch (*Allium porrum* 'Bleu de Solaise'; 0,5 m² als Auswurfsaat im Frühbeet).
⑥ Gemüsekohl (*Brassica oleracea* 'Gros de Vertus'; 0,5 m² als Auswurfsaat im Frühbeet).
⑦ Gewürzpflanzen (2 m²).
⑧ Kartoffeln (*Solanum tuberosum* 'Sirtema'; 3 Reihen mit je 4 Pflanzen).
⑨ Grüne Bohnen (*Phaseolus vulgaris* 'Novirex'; 3 Reihen von 2 m Länge).
⑩ Kopfsalat (*Lactuca sativa* 'Appia'; 2 Reihen mit je 8 Pflanzen).

Außerdem:

⑪ 2 Beete mit Mulch.
⑫ 1 Komposthaufen.

2. Das Gemüsegarten-Mosaik

Welche Gemüsesorten?

① Birnbäume (*Pyrus communis* 'Williams' und 'Conférence'; je 1 Exemplar) und Apfelbäume (*Malus communis* 'Delbarestivale' und 'Golden Delicious'; je 1 Exemplar).
② Gewürzpflanzen.
③ Tomaten (*Lycopersicon esculentum* 'Roma' und 'Sweet Cent', eine Kirschtomatensorte; je eine Reihe mit 5 Pflanzen).
④ Auberginen (*Solanum melongena* 'Black Beauty'; eine Reihe mit 5 Pflanzen).
⑤ Paprika (*Capsicum annuum* 'Choco'; eine Reihe mit 5 Pflanzen).
⑥ Zucchini (*Cucurbita pepo* 'Verte des Maraîchers'; 2 Pflanzen).
⑦ Kopfsalat (*Lactuca sativa* 'Appia'; 4 Reihen mit je 4 Pflanzen).
⑧ Radieschen (*Raphanus sativus* 'Mirabeau'; etwa 1 m² als Auswurfsaat).
⑨ Lauch (*Allium porrum* 'D'hiver de St. Victor', etwa 0,5 m² als Auswurfsaat).
⑩ Knoblauch (*Allium sativum* 'Violet de Cadours'; 4 Reihen mit je 10 Pflanzen).
⑪ Möhren (*Daucus carota* 'Juwarot'; 3 Reihen)

Außerdem:

⑫ 1 Komposthaufen.

März | *Im Handumdrehen* | **Zubehör:** eine Gartenhaue oder ein Zwiebelpflanzer

6 bis 8 Euro für 60 Pflanzkartoffeln

15' für 20 Knollen

Kartoffeln setzen

Die Kultur von Kartoffeln gehört zu den leichteren Aufgaben im Gemüsegarten. Vor allem Anfänger werden diese Pflanzen zu schätzen wissen, denn sie enttäuschen praktisch nie. Außerdem heißt es, sie „reinigen" den Boden, weil sie Unkräuter am Keimen hindern.

Welche Sorten?

Hier fällt die Wahl wegen des großen Angebots schwer. Als „mehlig" bezeichnete zerfallen oder platzen schneller beim Kochen. Sie eignen sich daher besonders für Pommes frites, Püree oder Suppen. Die festeren Sorten zerfallen beim Kochen weniger leicht und bieten sich daher für Brat- oder Pellkartoffeln (mit Haut in Wasser gekocht) oder für Salat an. Kaufen Sie nur Pflanzkartoffeln, deren einwandfreier Gesundheitszustand auf der Verpackung bescheinigt wird.

Wie wird's gemacht?

1. Bereiten Sie den Boden vor, der bereits von der Sonne aufgewärmt und gut abgetrocknet sein sollte. Ist das nicht der Fall, warten Sie noch ein paar Tage. Wenn Ihre Erde nie so richtig trocken wird, legen Sie einen Pflanzhügel an, also ein gewölbtes Beet, auf das die Kartoffeln gesetzt werden.
2. Ziehen Sie eine Schnur, die die Pflanzreihe markiert, und heben Sie mit der Haue oder dem Zwiebelpflanzer alle 50 cm Pflanzlöcher von jeweils etwa 12 cm Tiefe aus. Legen Sie je eine an der Luft vorgekeimte Knolle hinein.
3. Schließen Sie die Löcher mit feiner Erde, und drücken Sie diese an, aber ohne dabei den Keimling zu beschädigen. Gießen Sie gut an.

Und dann?

Einen Monat später sollten die Pflanzen auf etwa 15 cm Höhe herangewachsen sein. Jetzt wird der untere Teil von beiden Seiten mit einer ungefähr 10 cm hohen Erdschicht bedeckt, eine Maßnahme, die man Anhäufeln nennt. In diesen kleinen Wall macht die Pflanze neue Wurzeln, an denen später die Kartoffeln gebildet werden. Decken Sie diese Erdschicht noch 10 cm hoch mit Mulch ab, und wenn 3 – 4 Monate später das Laub gelb wird, können Sie ernten.

Gut zu wissen

Wenn nach dem Setzen noch einmal Frost droht, decken Sie das Beet mit Winterfolie ab. Die Pflanzen heben diese bei Bedarf ohne Mühe an.

2

Grundlagen
Aufbereitung des Bodens S. 10
Ernten S. 22
Schutzmaßnahmen S. 26
Porträts
Kartoffel S. 98
Glossar
Anhäufeln S. 104
Frostschutz S. 106
Pflanzhügel S. 108

Zubehör: eine Gartenhaue, ein Spaten oder eine Doppelgrabgabel

11 Euro für 100 g

30'

Knollenziest – originell und lecker

Die Blätter dieser Pflanzen ähneln denen der Minze, während der Geschmack der Speicherknollen an Artischocken erinnert. Es dauert zwar 8 Monate bis zu ihrer Ernte, dafür schmecken sie aber auch ausgezeichnet!

Wie wird's gemacht?

1. Bereiten Sie den Boden durch Untermischen von Kompost vor (etwa eine Schubkarre pro m²), der so aufgelockert wird. Legen Sie alle 40 cm ein Pflanzloch an, das jeweils mit 3 oder 4 Knollen belegt wird.
2. Füllen Sie die Pflanzlöcher mit feiner Erde auf, und gießen Sie gut an, damit die Knollen in Kontakt mit dem Erdreich kommen. Der Boden muss bis zur Ernte stets feucht gehalten werden. Wässern Sie daher immer, wenn er trocken aussieht, und mulchen Sie mit einer 5 cm hohen Schicht Flachsschrot oder Hanfbruch.
3. Im Juni werden die Pflanzen angehäufelt, um die Bildung weiterer Knollen anzuregen; ein kleiner Hügel um die Füße der Pflanzen genügt.
4. Ernten Sie, wenn das Laub zu vertrocknen beginnt. Dies ist ungefähr im November der Fall.

Und dann?

Zum Ernten der Rhizome heben Sie die Pflanze mit der Grabgabel aus. Lassen Sie keine Reste in der Erde, denn diese würden dort im nächsten Frühjahr erneut austreiben.

Verwendung

Der Knollenziest produziert kleine, aus verdickten Ringen bestehende Rhizome von der Größe eines kleinen Fingers. Diese werden im Spätherbst geerntet und sind zum sofortigen Verzehr bestimmt. Die Haut ist sehr dünn und braucht daher nicht abgeschält zu werden, was angesichts der skurrilen Form auch schwierig wäre. Reiben Sie sie einfach in einem feuchten Tuch und grobem Salz ab. Geben Sie sie dann in eine Pfanne mit einem kleinen Stück leicht gesalzener Butter, decken Sie sie mit Wasser ab, und lassen Sie sie bei schwacher Hitze solange garen, bis das Wasser verkocht ist.

Gut zu wissen

Der Knollenziest ist noch relativ unbekannt und daher in Gärtnereien nicht zu finden. Es empfiehlt sich daher, sich an spezialisierte Lieferanten zu wenden, z. B. solche, die im Internet inserieren.

Grundlagen
Aufbereitung des Bodens S. 10
Ernten S. 22
Glossar
Anhäufeln S. 104
Pflanzloch S. 108

April **SOS**

9 Euro · 10'

Schnecken fernhalten

Gehäuse- und Nacktschnecken bewegen sich zwar nur langsam fort, sind aber dennoch berüchtigte Schädlinge, vor allem, weil sie oft sehr zahlreich auftreten. Um sie von Ihrem Gemüse fernzuhalten, bedarf es eines speziellen „Minenfeldes".

Wie schützt man sich?

Nackt- und Gehäuseschnecken fühlen sich nur in einer feuchten Umgebung wohl. Die übrige Zeit verstecken sie sich gern in Mulch, wo es immer etwas feucht ist. Dies kann man sich zunutze machen, indem man bewässerte Zonen mit trockenen abwechselt und so die Ausbreitung der Schnecken erschwert. Die schlimmsten Schädlinge sind die kleinen schwarzen Schnecken, die sich nachts über die Pflanzen hermachen. Man sieht sie nur selten, findet aber ständig angefressene Blätter. Fernhalten kann man sie zumeist nur durch Schneckenkorn, das in Ringen um die Füße der einzelnen Pflanzen verteilt wird.

Wie wird's gemacht?

1. Freuen Sie sich über jeden Laufkäfer, jede Kröte und jeden Igel in Ihrem Garten, denn diese fressen auch Nacktschnecken.
2. Umgeben Sie gefährdete Beete mit einem rund 10 cm breiten Streifen aus Holzasche. Die auf Feuchtigkeit angewiesenen Schnecken können diesen nicht so leicht überqueren, da er ihnen die Körperflüssigkeit entzieht. Der Streifen muss erneuert werden, wenn er durch Regen oder beim Wässern feucht geworden ist.
3. Graben Sie neben den gefährdeten Pflanzenreihen steilwandige Plastikbehälter ebenerdig ein, und füllen Sie diese zur

Hälfte mit Bier. Dieses zieht Nacktschnecken wie magisch an, und sie ertrinken. Decken Sie diese Bierfallen aber etwas ab, damit sie nicht von Katzen geleert werden, die Bier ebenfalls sehr mögen.
4. Verstreuen Sie Schneckenkorn mit Eisenphosphat (z.B. Ferramol), das – im Gegensatz zu anderen Produkten – für Hunde und Katzen ungefährlich ist.

Grundlagen
Schutzmaßnahmen S. 26
Glossar
Schädlinge und Krankheiten S. 109

ZUBEHÖR: eine Pflanzschaufel, eine Grabgabel oder Doppelgrabgabel

1 bis 2 Euro pro Pflanze

20' für 4 Pflanzen

Artischocken, hübsch und gesund

Der französische Satiriker Coluche nennt die Artischocke das Gericht des armen Mannes, denn man habe nach dem Mahl genauso viel auf dem Teller wie zu Beginn. Abgesehen von ihrer Eignung für humoristische Äußerungen ist die Artischocke aber auch ein einfach zu kultivierendes Gemüse mit einer wunderschönen Blüte.

Gut zu wissen

Die Artischocke ist eine pflegeleichte Staude, die man 3–5 Jahre nutzen kann. Nach dieser Zeit nimmt ihre Ergiebigkeit aber kontinuierlich ab. Jede Pflanze bringt pro Jahr 4 oder 5 Blüten hervor. Man pflückt deren Knospen, bevor sie aufgehen, und verzehrt dann den Blütenboden und die Schuppenblätter. Lassen Sie aber ruhig hin und wieder eine Pflanze blühen, und erfreuen Sie sich an den wunderschönen violetten Blüten.

Wie wird's gemacht?

1. Sie können setzfertige Pflanzen im Fachhandel kaufen, oder sich Ableger einer älteren Pflanze besorgen, die sich an deren Rändern regelmäßig entwickeln.
2. Entfernen Sie die Erde bis auf 10 cm Tiefe um den Ableger herum.
3. Setzen Sie die Pflanzschaufel senkrecht zwischen dem Ableger und der Mutterpflanze an, um die Jungpflanze abzutrennen. Diese muss wenigstens 4–5 weiße Wurzeln und einige Blätter haben.

6

4. Lockern Sie den Boden durch Umgraben auf, und mischen Sie reichlich Kompost unter (eine Schubkarre pro m²).
5. Heben Sie ein faustgroßes Loch aus, und lassen Sie der Pflanze 1 m² Raum.
6. Setzen Sie die Pflanze so ein, dass alle weißen Teile mit Erde bedeckt sind. Wenn Sie setzfertige Exemplare gekauft haben, pflanzen Sie einfach den kompletten Erdballen ein. Legen Sie einen Gießring an, und wässern Sie sehr reichlich (eine Gießkanne pro Pflanze). Da die Erde ständig feucht sein muss, wird täglich gegossen, bis erkennbar ist, dass die Pflanzen angewachsen sind. Decken Sie nun den Boden mit Kakaobohnenschalen ab, und ernten Sie von Juni bis September.

Zubereitung

Wenn die Knospen noch nicht größer als 4–5 cm im Durchmesser sind, isst man die zarten kleinen Artischocken am besten roh, mit etwas Salz oder mit einer Salatsoße.

Grundlagen
Aufbereitung des Bodens S. 10
Glossar
Ableger S. 104
Mutterpflanze S. 108
Pflanzschaufel S. 113

Zubehör: eine Gartenkralle, eine Hacke, eine Pflanzschaufel oder ein Pflanzholz

Zeit zum Pflanzen

Im Frühjahr bestimmen zarte Grüntöne das Bild des Gemüsegartens. Es ist an der Zeit, Setzlinge zu kaufen oder im eigenen Frühbeet vorgezogene Exemplare auszupflanzen.

Welche Gemüsesorten?

① Tomaten (*Lycopersicon esculentum*; 5–10 Pflanzen). 'Roma' mit festem Fleisch oder die süße 'Rose de Berne'.

② Melonen (*Cucumis melo*; 3–5 Pflanzen). Zu den süßeren Sorten gehören 'Fidji' und 'Petit Gris de Rennes'.

③ Kartoffeln (*Solanum tuberosum*; 60 Pflanzen). 'Charlotte' mit festem Fleisch oder 'Bintje' für Kartoffelpüree.

④ Gewürzpflanzen, je 2 Pflanzen Schnittlauch, Basilikum, Estragon, Dill und was Sie sonst noch mögen.

Wie wird's gemacht?

1. Lockern Sie den Boden mit der Gartenkralle oder einer Doppelgrabgabel auf. Wenn der Boden den Winter über gemulcht war, ist dies nicht erforderlich.
2. Bringen Sie zunächst die Laufstege, Stützen und Spaliere an.
3. Pflanzen Sie die Tomaten, wenn nicht mehr mit Frost zu rechnen ist. Setzen Sie dazu jede Pflanze neben eine Stütze, die die Last der Früchte später auch tragen kann. Halten Sie den Boden mithilfe einer Mulchschicht feucht, damit sich die Pflanzen zügig erholen. Eine Woche später werden die Triebe angebunden.
4. Pflanzen Sie die vorgezogenen Melonen aus. Beachten Sie, dass diese noch empfindlicher als die Tomaten auf Frost reagieren! Schützen Sie sie mit einer dunklen Mulchschicht oder schwarzer Plastikfolie, die schnell Sonnenwärme aufnehmen.
5. Setzen Sie die Kartoffeln. Denken Sie an das Anhäufeln, wenn die Pflanzen etwa 15 cm hoch sind.
6. Pflanzen Sie die einjährigen Gewürze (Basilikum, Estragon). Die Stauden (Thymian, Minze, Rosmarin) bleiben mehrere Jahre an ihren Plätzen, können jetzt aber erneuert oder ergänzt werden.
7. Wässern Sie reichlich direkt nach jedem Setzen, damit die Wurzeln in engen Kontakt mit dem Erdreich kommen.

Und dann?

Achten Sie auf die Bodenfeuchtigkeit, denn die Jungpflanzen vertragen keine Trockenheit. Verteilen Sie Schneckenkorn. Nehmen Sie die Hacke zum Entfernen von Unkraut, und mulchen Sie offene Flächen wo immer möglich.

Gut zu wissen

Holzbohlen, Betonplatten und Ähnliches eignen sich bestens zum Anlegen von provisorischen Zugangswegen, die dann je nach Bedarf neu angeordnet werden. Achten Sie darauf, dass sie fest liegen.

Grundlagen
Aufbereitung des Bodens S. 10
Umpflanzen S. 16
Vorgezogene Pflanzen setzen S. 20
Unkraut jäten S. 30
Porträts
Bohnenkraut S. 97
Estragon S. 80
Melone S. 85
Minze S. 92
Kartoffel S. 98
Schnittlauch S. 78
Thymian S. 99
Tomate S. 90
Glossar
Anhäufeln S. 104
Mulch S. 108
Schädlinge und Krankheiten S. 109

ZUBEHÖR: ein Pflanzholz, einen Spaten oder eine Doppelgrabgabel, Stützen und ein Fäustel

0,50 bis 1 Euro pro Töpfchen

30' für 10 Pflanzen

Tomaten anpflanzen

Tomaten – aus Samen vorgezogene oder in der Gärtnerei gekaufte Setzlinge – werden im Mai nach den Eisheiligen (11., 12. und 13. Mai) gepflanzt. Danach sind es nur noch 3 Monate, bis man in den Genuss eigener Tomaten kommt.

Sorgfältige Auswahl

Ein guter Setzling einer Tomatenpflanze ist ungefähr 15 cm hoch und hat einen Haupttrieb von der Dicke eines Bleistifts; die meisten im Handel erhältlichen Exemplare entsprechen diesen Kriterien.

Wie wird's gemacht?

1. Bereiten Sie den Boden durch Untermischen von Komposterde vor (ein Sack von 25 Litern pro m²).
2. Ziehen Sie eine Schnur, damit die Pflanzreihe schön gerade wird.
3. Schlagen Sie alle 50 cm eine Stützstange in den Boden. Diese sollte anschließend noch 1,50 m hoch sein. Nehmen Sie besser keine aus Plastik, denn spätestens im August werden sich diese unter dem Gewicht der Früchte verbiegen. Eisenstützen sind weitaus stabiler, aber dicke Holzpfähle gehen auch.
4. Legen Sie mit der Pflanzschaufel neben jeder Stütze ein Pflanzloch von der Tiefe des Schaufelblattes an. Wenn Brennnesseln in der Nähe sind, verteilen Sie ein paar Blätter davon auf dem Boden des Pflanzloches; sie schützen die Tomaten vor Krankheiten.
5. Wenn sich Ihre Setzlinge in Torftöpfchen befinden, pflanzen Sie diese mit ein. Exemplare in Plastiktöpfen müssen zunächst eine Viertelstunde lang eingeweicht werden. Setzen Sie den Wurzelballen so in das Pflanzloch, dass der Haupttrieb etwa 5 cm tief mit eingegraben ist. An diesem Stück bilden sich dann neue Wurzeln, die dem Wachstum zugute kommen.
6. Füllen Sie das Pflanzloch mit feiner Erde, und gießen Sie sofort reichlich an, damit der Kontakt zwischen Wurzeln und Erdreich zustande kommt. Verteilen Sie eine Lage Flachsschrot, und verlegen Sie einen Tropfschlauch um die Pflanzen, damit diese bewässert werden, ohne ihre Blätter zu benässen.
7. Binden Sie die Pflanze locker an der Stütze fest.

5

7

Grundlagen
Aufbereitung des Bodens S. 10
Vorgezogene Pflanzen setzen S. 20
Wässern S. 24
Porträts
Tomate S. 90
Glossar
Eisheilige S. 106
Kompost S. 107
Mulch S. 108

DER GEMÜSEGARTEN IM

Juni	
Vorbereiten	Beete, auf denen gesät werden soll
Aussäen	Bohnen, Endivien, Erbsen, Gemüsekohl, Gurken, Herbstrüben, Kohlrabi, Kopfsalat, Mais, Möhren, Petersilie, Radieschen, Rucola, Schnittsalat
Pflanzen	Lauch
Anhäufeln	Bohnen, Knollenziest
Aufpassen	Schnecken und Raupen abwehren Lauch einmulchen
Wässern	alle Aussaaten und Beete
Ernten	Ackerbohnen, Basilikum, Dill, Erbsen, Erdbeeren, Estragon, Grüne und Trockenbohnen, Herbstrüben, Himbeeren, Kartoffeln, Kohlrabi, Kopfsalat, Mangold, Radieschen, Rhabarber, Rucola, Schnittlauch, Schnittsalat, Spargel, Spinat, Zucchini, Zwiebeln

ZU BEACHTEN

→ Im Juni müssen Schwarze Johannisbeeren durch Einwickeln in ein Netz vor Vögeln geschützt werden.

→ Beschneiden Sie die Himbeersträucher nach der ersten Ernte im Juni.

→ Wickeln Sie im August die Endivienrosetten ein, damit sie weiß werden.

→ Achten Sie auf die Bodenfeuchtigkeit, und installieren Sie gegebenenfalls eine automatische Bewässerungsanlage.

→ Säen Sie nicht, wenn Sie anschließend in den Urlaub fahren.

SOMMER

Juli	August
Beete, auf denen gesät werden soll	Beete, auf denen gesät werden soll
Endivien, Grüne Bohnen, Kohlrabi, Möhren, Portulak, Radieschen, Rucola, Schnittsalat	Feldsalat, Radieschen, Rucola, Schnittsalat
	Bleichsellerie
Schnecken und Raupen abwehren Rote Bete mulchen	
alle Aussaaten und Beete	neue Aussaaten
Auberginen, Basilikum, Erbsen, Erdbeeren, Estragon, Gemüsekohl, Grüne und Trockenbohnen, Herbstrüben, Himbeeren, Kartoffeln, Knoblauch, Kopfsalat, Mais, Mangold, Minze, Möhren, Radieschen, Rote Johannisbeere, Rucola, Schalotten, Schnittlauch, Schnittsalat, Schwarze Johannisbeere, Speisekürbis, Spinat, Zucchini, Zwiebeln	Auberginen, Bleichsellerie, Blumenkohl, Bohnenkraut, Chicorée, Erbsen, Erdbeeren, Fenchel, Gemüsekohl, Grüne und Trockenbohnen, Gurken, Herbstrüben, Himbeeren, Kartoffeln, Kohlrabi, Kopfsalat, Mais, Mangold, Minze, Möhren, Paprika, Radieschen, Rote Bete, Rote Johannisbeere, Rucola, Schalotten, Schnittlauch, Schnittsalat, Speisekürbis, Thymian, Tomaten

Zwei Vorschläge *Beispiele*

Die Zeit des Erntens und des Wässerns

Im Sommer wird der Gemüsegärtner für seine Mühen im Frühjahr entschädigt. Jetzt besteht seine Hauptaufgabe aus Ernten und Wässern, und wenn er seine Aussaaten gut gestaffelt hat, wird er nicht enttäuscht sein.

1. Der einfache Gemüsegarten

Wie wird's gemacht?

1. Ernten Sie im Juni die Johannisbeeren, und lassen Sie die Sträucher dann bis zum Rückschnitt im Winter in Ruhe. Die Zweige der Himbeeren, die gefruchtet haben, werden nach der Ernte im Juli bis auf den Ansatz zurückgeschnitten.
2. Ernten Sie die Tomaten. Entfernen Sie Blätter, die Früchte beschatten.
3. Ernten Sie den Knoblauch, wenn im Juli die Blätter zu vergilben beginnen.
4. Decken Sie die Lauchbeete mit Flachsschrot oder Hanfbruch ab, damit die Bodenfeuchte erhalten bleibt.
5. Pflanzen Sie anstelle der Radieschen im Frühbeet vorgezogenen Kohl, dessen Wurzeln vor dem Setzen mit einem Lithothamne-Präparat (Fachhandel) behandelt werden, damit er sich schneller erholt. Reichlich angießen.
6. Ernten Sie bei Bedarf die Blätter von Gewürzen. Wässern Sie die Sorten mit hohem Feuchtigkeitsbedarf (Basilikum, Petersilie, Minze etc.) regelmäßig, und mulchen Sie.
7. Ernten Sie die Kartoffeln, wenn deren Laub vergilbt.
8. Nach der Ernte der im Frühjahr ausgesäten Bohnen werden die vertrockneten Pflanzen entfernt und durch Blattsalate oder weitere Grüne Bohnen ersetzt.

Gut zu wissen

Werfen Sie verwelkte Bohnen- und Kartoffelpflanzen nach der Ernte nicht einfach auf den Kompost. Sie könnten Krankheiten verschleppen und sollten daher vorsorglich verbrannt werden; die Asche ist dann unbedenklich.

Schneiden Sie die Hälfte aller Stängel von Petersilie, Basilikum und Schnittlauch bis auf den Boden herunter, damit sie neue Triebe bilden.

2. Das Gemüsegarten-Mosaik

Wie wird's gemacht?

1. Ernten Sie die 'Williams'-Birnen und die 'Delbardestivale'-Äpfel; die anderen werden erst im September reif.
2. Mulchen Sie die feuchtigkeitsliebenden Gewürze (Basilikum, Petersilie, Minze etc.), und wässern Sie sie den ganzen Sommer über regelmäßig.
3. Legen Sie die Kirschtomaten 'Sweet Cent' in Olivenöl ein, damit sie sich bis Weihnachten halten.
4. Pflanzen Sie Anfang des Sommers Blattsalat zu Füßen der Tomaten, den Sie 4–5 Wochen später ernten können.
5. Ernten Sie die Auberginen und Paprika je nach Reifegrad und Bedarf.
6. Säen Sie Spinat zu Füßen der Paprikapflanzen, damit er Schatten hat.
7. Ernten Sie die Zucchini, wenn sie etwa 20 cm lang sind.
8. Pflanzen Sie Lauch an die Stelle von im Frühjahr gesäten und nun abgeernteten Blattsalaten.
9. Säen Sie eine neue Reihe Radieschen anstelle der abgeernteten Frühjahrssaat.
10. Säen Sie Gemüsekohl für das spätere Auspflanzen im Frühbeet.
11. Säen Sie Feldsalat an die Stelle des Knoblauchs. Graben Sie den Boden nicht um, sondern drücken Sie ihn nach Ausreißen des Knoblauchs lediglich mit dem Rücken einer Harke an, und säen Sie dann direkt auf die verdichtete Oberfläche.
12. Ernten Sie die Möhren bei Bedarf.

Gut zu wissen

Decken Sie alle brachliegenden Beete mit Mulch oder einer 8–10 cm hohen Schicht Kompost ab. Wenden Sie den Komposthaufen, damit er belüftet wird und sich neue und alte Bestandteile vermischen.

1. Der einfache Gemüsegarten

Welche Gemüsesorten?

① Rote Johannisbeere (*Ribes rubrum* 'Junifer'; 3 Sträucher) und Himbeeren (Rubus idaeus 'Heritage'; 8 Sträucher).
② Tomaten (*Lycopersicon esculentum* 'Roma'; 3 Reihen mit je 3 Pflanzen).
③ Knoblauch (*Allium sativum* 'Violet de Cadours'; 2 Reihen mit je 8 Pflanzen).
④ Lauch (*Allium porrum* 'Bleu de Solaise'; 2 Reihen mit je 8 Pflanzen).
⑤ Gemüsekohl (*Brassica oleracea* 'Gros de Vertus'; 2 Reihen mit je 3 Pflanzen).
⑥ Gewürzpflanzen.
⑦ Kartoffeln (*Solanum tuberosum* 'Sirtema'; 3 Reihen mit je 4 Pflanzen).
⑧ Kopfsalat (*Lactuca sativa* 'Merveille des 4 Saisons'; (2 Reihen mit je 8 Pflanzen).
⑨ Grüne Bohnen (*Phaseolus vulgaris* 'Novirex'; 4 Reihen).

Außerdem:
⑩ 1 Komposthaufen.

2. Das Gemüsegarten-Mosaik

Welche Gemüsesorten?

① Birnbäume (*Pyrus communis* 'Williams' und 'Conférence'; je 1 Exemplar) und Apfelbäume (*Malus communis* 'Delbarestivale' und 'Golden Delicious'; je 1 Exemplar).
② Gewürzpflanzen.
③ Tomaten (*Lycopersicon esculentum* 'Roma' und 'Sweet Cent', eine Kirschtomatensorten; je 1 Reihe mit 5 Pflanzen).
④ 4 Kopfsalat (*Lactuca sativa* 'Merveille des 4 Saisons'; 1 Reihe mit 12 Pflanzen).
⑤ Auberginen (*Solanum melongena* 'Black Beauty'; 1 Reihe mit 5 Pflanzen).
⑥ Paprika (*Capsicum annuum* 'Choco'; 1 Reihe mit 5 Pflanzen).
⑦ Spinat (*Spinacia oleracea* 'Whitney'; 1 Reihe mit 12 Pflanzen).
⑧ Zucchini (*Cucurbita pepo* 'Verte des Maraîchers'; 2 Pflanzen).
⑨ Lauch (*Allium porrum* 'D'hiver de St. Victor'; 3 Reihen mit je 8 Pflanzen).
⑩ Radieschen (*Raphanus sativus* 'Mirabeau'; etwa 1 m² als Auswurfsaat).
⑪ 11 Gemüsekohl (*Brassica oleracea* 'Gros de Vertus'; 0,5 m² als Auswurfsaat).
⑫ 13 Feldsalat (*Valerianella locusta* 'À grosse Graine'; 0,5 m² als Auswurfsaat).
⑬ Möhren (*Daucus carota* 'Juwarot'; 3 Reihen)

Außerdem:
⑭ 1 Komposthaufen.

Juni | *Im Handumdrehen* | **Zubehör:** ein konisches Pflanzholz, eine Gartenschere, ein Spaten oder eine Doppelgrabgabel

etwa 8 Euro für 50 Pflanzen

20' für 50 Pflanzen

Lauch pflanzen

Wenn Sie im April Lauch ausgesät haben, ist jetzt die Zeit gekommen, ihn an eine Stelle zu verpflanzen, wo er bis zur Ernte bleibt. Wenn nicht, können Sie stattdessen vorgezogene Setzlinge aus dem Handel verwenden.

Pflanzen auswählen

Nur gelegentlich findet man Lauchsetzlinge, die in Töpfchen mit Erde angeboten werden. Weit öfter handelt es sich um Bündel junger Pflanzen mit nackten Wurzeln, denn Lauch entwickelt sich besser, wenn er umgepflanzt wird. Das Entwurzeln und anschließende Einkürzen der Wurzeln regt ihn regelrecht zum Wachsen an. Man kann solche Setzlinge also durchaus kaufen, selbst wenn sie ein wenig müde aussehen, denn sie wachsen fast immer an.

Wie wird's gemacht?

1. Bereiten Sie den Boden durch Untermischen von Komposterde vor (ein Sack von 25 Litern pro m²). Ziehen Sie eine Schnur, damit die Pflanzreihe schön gerade wird.
2. Kürzen Sie die Wurzeln der Setzlinge auf 2 cm, die Blätter auf 5 cm Länge ein.
3. Machen Sie mit dem Pflanzholz ein Loch, in das der Setzling bis zum Ansatz seiner grünen Teile hineinpasst. Verschließen Sie das Loch, indem Sie direkt daneben ein weiteres stechen und durch Kippen des Steckholzes das erste fest zudrücken. Wässern Sie jede Pflanze gut mit der Gießkanne über das Hilfsloch an. Die Abstände zwischen den Pflanzen sollten 12–15 cm, die zwischen den Pflanzreihen 20 cm betragen.
4. Um die Erde stets feucht zu halten, verteilen Sie eine 10 cm hohe Schicht Flachsschrot oder Hanfbruch auf dem gesamten Beet.

Gut zu wissen

Wenn Sie die Setzlinge selbst gezogen haben, sind sie möglicherweise von Larven der Lauchmotte befallen. Um diese Schädlinge zu vernichten, gibt es 2 Methoden: Tauchen Sie die gestutzten Setzlinge für 10 Minuten in ein Bad aus 10% Bleichmittel, oder lassen Sie sie gleich nach dem Ausziehen 2 Tage auf dem Boden in der Sonne liegen. Lauch muss außerdem vor Schnecken geschützt werden.

Grundlagen
Aufbereitung des Bodens S. 10
Umpflanzen S. 16
Porträts
Lauch S. 77
Glossar
Kompost S. 107
Mulch S. 108
Schädlinge und Krankheiten S. 109

ZUBEHÖR: eine Harke, eine Grabgabel oder eine Doppelgrabgabel

1,50 bis 2,50 Euro pro Packung

10'

Ein unverzichtbares Küchenkraut: Petersilie

Petersilie hat den Ruf, etwas schwierig zu sein. Tatsächlich benötigt sie jedoch nur sehr lange zum Auskeimen. So muss man nicht selten bis 4 Wochen warten, bevor die ersten Pflänzchen erscheinen.

Welche Sorten?

Es gibt sowohl Sorten mit glatten als auch krausen Blättern. Die krausen Sorten sehen als Sträuße besser aus, aber die glatten sind erheblich geruchsintensiver. Gegen Ende der Saison haben die krausblättrigen wiederum den Vorteil, weniger kälteempfindlich zu sein. Im Idealfall baut man daher beide Sorten an, damit man immer etwas zum Ernten hat.
Schnecken lieben Petersilie! Ergreifen Sie daher Gegenmaßnahmen.

Wie wird's gemacht?

1. Lockern Sie den Boden auf, und ziehen Sie mit dem Stiel einer Harke eine flache Rinne neben einem Gehweg.
2. Wässern Sie die Rinne, und säen Sie darin aus, solange sie noch feucht ist. Das ist recht einfach, denn die Samen sind nicht gerade klein.
3. Decken Sie die Aussaat mit einer dünnen Schicht (ein paar Millimeter) feiner Erde ab, und drücken Sie die Erde mit dem Stiel der Harke an.

4. Wässern Sie, und halten Sie den Boden von nun an stets feucht. Zu diesem Zweck sollte er mit einer Jutematte oder Bambusrollzaun abgedeckt werden, die die Erde gleichzeitig beschatten.
5. Nach Ablauf von 2 Wochen schauen Sie jede Woche einmal unter die Abdeckung, und entfernen Sie sie, wenn die Pflänzchen schließlich erschienen sind.
6. Pflücken Sie junge Triebe je nach Bedarf direkt über dem Boden ab.

Gut zu wissen

Petersilie kann man auch als Saatstreifen kaufen. Darin sind die Samen in den richtigen Abständen zwischen zwei Lagen Papier verteilt, das sich bei Feuchtigkeit schnell auflöst. Daher muss man nur noch den Streifen in der Furche ausrollen, mit Erde abdecken und angießen.

Grundlagen
Aufbereitung des Bodens S. 10
Aussaat im Freibeet S. 12
Glossar
Schädlinge und Krankheiten S. 109
Setzling S. 110

Juli | *Allgemeines* | **Zubehör:** eine Harke und eine Grabgabel oder Doppelgrabgabel

3 Euro pro Packung

10'

Tellerkraut: Salat neu entdecken

Das Tellerkraut ist ein einfach zu kultivierendes, saftiges Gemüse, das immer noch relativ unbekannt ist. Probieren Sie es aus, und Sie werden es nicht mehr missen wollen.

Die Vorzüge

Die Art gehört in dieselbe Familie wie der Sommerportulak, ist aber winterhart, sodass man sie zu Beginn und gegen Ende der Saison nutzen kann.

Wie wird's gemacht?

1. Bereiten Sie die Erde durch Untermischen von Kompost vor, nach Möglichkeit in der Größenordnung von einer Schubkarre pro Quadratmeter. Kalkhaltiger Boden wird schlecht vertragen.
2. Ziehen Sie eine ganz flache Saatfurche, und säen Sie nicht zu dicht.
3. Harken Sie die Rinne mit ein wenig Erde zu, und drücken Sie diese mit dem Rücken einer Harke leicht an. Wässern Sie, und halten Sie den Boden stets feucht.
4. Wenn die Pflänzchen 4–6 Blätter gebildet haben, muss ausgelichtet werden; behalten Sie nur alle 15 cm ein kräftiges Exemplar.
5. Mit dem Erscheinen der Blütenknospen (etwa 2–3 Monate nach der Aussaat) können Sie die jungen Blätter je nach Bedarf ernten. Wie beim Schnittsalat werden daraufhin neue Blätter ausgetrieben, sodass Sie lange etwas davon haben.

Gut zu wissen

Halten Sie die Erde stets feucht, und wässern Sie umgehend, wenn die Oberfläche trocken aussieht. Das ist vor allem nach der Ernte wichtig, damit der Austrieb neuer Blätter angeregt wird. Weil die Pflanze große Rosetten bildet, ist das Mulchen schwierig.

Zubereitung

Blätter und Stiele eignen sich für Rohkostsalate mit Soße oder auch nur mit etwas Zitrone. Außerdem kann man das Tellerkraut wie Spinat zubereiten. Der erfrischende Salat enthält die Vitamine B und K sowie Mineralsalze, darunter vor allem Eisen und Magnesium.

Grundlagen
Aufbereitung des Bodens S. 10
Aussaat im Freibeet S. 12
Vereinzeln S. 14
Glossar
Kompost S. 107

Den ganzen Sommer lang ernten

Es ist Sommer, und kräftige Farben haben das zarte Grün des Frühjahrs abgelöst. Jetzt dominiert das Rot der reifen Tomaten, das Gelb der Sonnenblumen und das Blau der Phazelien. Nun beginnt die Ernte

Welche Gemüsesorten?

(1) Tomaten (*Lycopersicon esculentum*; 5–10 Pflanzen der festfleischigen Sorte 'Roma').

(2) Rote Bete (*Beta vulgaris*, 10 Pflanzen der süßen Sorte 'Rouge Crapaudine').

(3) Phazelie (*Phacelia tanacetifolia*; 20 g pro 10 m²). Die dicht behaarten Pflanzen dienen als Gründünger auf brachliegenden Beeten, wo sie das Wachstum von Unkraut verhindern.

(4) Bohnen (*Phaseolus vulgaris*). Eine halbe Packung der Sorte 'Alaric' zum sofortigen Verzehr und von 'Soissons Blanc' zum Einkochen.

Wie wird's gemacht?

1. Decken Sie alle Zwischenräume mit Stroh, Gründünger, Jutesäcken usw. ab, um sie feucht und unkrautfrei zu halten.
2. Säen Sie die Phazelie Anfang April aus. Mähen Sie sie im Oktober ab, bevor sie Samen produziert, und graben Sie sie dann einfach unter.
3. Ernten Sie die Gemüse bei Reife wenigstens einmal pro Woche; im Gemüsegarten gibt es keine Ferien! Wenn Sie die Tomaten entlang eines Weges angepflanzt haben, kann man sie jetzt einfach pflücken.
4. Ernten Sie die Rote Bete. Deren Wurzelknolle entwickelt sich zur Hälfte unter- und zur Hälfte oberirdisch. Um im Juli ernten zu können, muss im Frühjahr an Ort und Stelle gesät werden.
5. Wässern Sie in Bodennähe, z. B. mit einem Tropfschlauch, damit das Laub der fruchtenden Gemüse nicht nass wird.

6. Reißen Sie die vergilbenden Bohnenpflanzen nach dem Abernten heraus, und wenn sie gesund sind, lassen Sie sie auf dem Boden liegend vertrocknen. Zerbröseln Sie sie später, und graben Sie sie anschließend unter.

Und dann?

Alle Pflanzenabfälle wie Wurzeln, Blätter etc. können direkt auf den Kompost. Unkräuter und die häufig von Krankheiten befallenen, verwelkten Stängel fruchtender Gemüse müssen verbrannt werden. Deren Asche können Sie dann gefahrlos als Schneckenbarrieren verwenden.

Gut zu wissen

Phazelien und Studentenblumen locken Bestäuberinsekten an, die dann auch die Blüten fruchtender Gemüse besuchen. Wenn Pflanzenabfälle einfach nur untergeharkt werden, zersetzen sie sich eher schlecht und treiben möglicherweise sogar wieder aus. Kompostieren oder verbrennen Sie sie lieber, und graben Sie sie dann erst unter.

Grundlagen
Aussaat im Freibeet S. 12
Ernten S. 22
Wässern S. 24
Unkraut jäten S. 30
Porträts
Bohne S. 93
Rote Bete S. 81
Tomate S. 90
Glossar
Bestäubung S. 104
Kompost S. 107
Mulch S. 108

Juli | *Beispiele* | **ZUBEHÖR:** ein Zwiebelpflanzer und ein Pflanzholz

Ein blühender Gemüsegarten

Der Sommer ist die Jahreszeit des Reifens und Erntens. Das gilt aber nicht nur für das Gemüse, sondern auch für Studentenblumen, Gladiolen und andere Sommerblumen, die zudem Ausbreitungsbarrieren für Schädlinge sind.

Welche Gemüsesorten?

① Speisekürbis (*Cucurbita pepo*), 5 – 10 Pflanzen von 'Verte des Maraîchers', die sich jeder Situation anpasst.

② Weißkohl (*Brassica oleracea* var. *capitata*), 1 – 30 Pflanzen der großköpfigen Sorte 'Quintal d'Alsace'.

③ Tomaten (*Lycopersicon esculentum*), 5 – 10 Pflanzen von 'Roma' mit festem Fleisch oder der süßlicheren 'Rose de Berne'.

④ Gladiolen, 10 Zwiebeln.

⑤ Studentenblumen, eine Tüte Samen als Auswurfsaat.

⑥ Dahlien, eine Knolle.

Wie wird's gemacht?

1. Setzen Sie die im Sommer blühenden Gladiolen und die Dahlie am Rand des Gemüsegartens oder auch zwischen das Gemüse. Sie kommen in die Erde, wenn nicht mehr mit Frost zu rechnen ist. Lassen Sie sie anschließend einfach wachsen.

2. Setzen Sie die Tomaten abwechselnd mit den Studentenblumen. Letztere geben eine Substanz ab, die bestimmte Würmer fernhält, und ihre Blüten locken Bestäuberinsekten an, die dann auch die Tomatenblüten besuchen.

3. Säen Sie die Studentenblumen schon 2 Wochen vor dem Setzen der Tomaten aus, damit sich die Konkurrenzsituation weniger stark auswirkt.

4. Pflanzen Sie die Kürbisse in eine fruchtbare, feuchte Erde (sie wachsen auch direkt auf Kompost oder Mist). Die Früchte dürfen nicht unmittelbar auf dem Boden liegen, da sie dort leicht faulen. Schieben

Sie daher besser ein kleines Brett oder einen flachen Stein darunter.

5. Pflanzen Sie den Kohl gleich neben die Kürbisse, denn beide mögen fruchtbaren, feuchten Boden. Die Kürbisse bieten den jungen Kohlpflanzen gleichzeitig den benötigten Schutz vor der Sonne.

Und dann?

Säen Sie sofort auf jedem freigeräumten Beet Gründünger aus.

Wenn im Herbst das Wetter ein Reifen der letzten Tomaten unmöglich macht, reißen Sie die noch Früchte tragenden Pflanzen aus, und hängen Sie sie kopfüber im Gewächshaus auf.

SOS

Gegen Ende des Sommers werden Kürbisgewächse häufig von Echtem Mehltau befallen, der sich in Form weißer Beläge auf den Blättern zeigt. Das hat jedoch keinen Einfluss auf die weitere Ernte der Früchte. Die Pflanzen sollten danach aber verbrannt und nicht einfach so auf den Kompost geworfen werden.

Porträts
Gemüsekohl S. 82
Tomate S. 90
Zucchini S. 87
Glossar
Bestäubung S. 104
Schädlinge und Krankheiten S. 109

ZUBEHÖR: ein Regenmesser

Wasser sparen beim Gießen

Es ist nicht nur so, dass Wasser immer teurer wird, sondern man hat zumeist auch Besseres zu tun, als ständig den Gemüsegarten zu wässern. Dies lässt sich vermeiden, wenn Sie nachfolgende Tricks und Hinweise beachten.

Grundsätzliches

Gemüse sind wie ihr Gärtner: Je heißer es ist, desto mehr Durst haben beide, weil sie viel Flüssigkeit verlieren. Daher muss Gemüse nicht nur reichlich gewässert werden, sondern es ist auch wichtig, dass die Feuchtigkeit im Boden bleibt. Dazu gibt es einige Grundregeln:

Gießen Sie am Abend, weil dann weniger Wasser verdunstet. Wässern Sie mit einer feinstrahligen Düse, damit sich keine Rinnsale bilden, die von den Pflanzen weglaufen und irgendwo versickern. Hacken Sie die Erdoberfläche um die Pflanzen herum auf, damit das Gießwasser zügig in den Boden eindringen kann. Verwenden Sie Systeme, die für ein gezieltes Wässern entwickelt wurden.

Sinnvolle Grundregeln

1. Verschwenden Sie kein Wasser. Es ist unnütz, Gehwege und Brachflächen zu bewässern. Da Flächenregner zum Bewässern großer Flächen gedacht sind, sollten sie nur für solche verwendet werden; alles andere ist Verschwendung.

3

2

2. Setzen Sie Systeme ein, die für gezielte Wassergaben entwickelt wurden. Tropfsysteme geben nur geringe Wassermengen ab, und zwar genau dort, wo sie benötigt werden, nämlich zu Füßen der Pflanzen. Das Verlegen der entsprechenden Schläuche und das Einstellen der Wasserabgabe sind einfach, und die Ersparnis ist erheblich. Wird zusätzlich gemulcht, verteilen solche Systeme in 2 Stunden des automatischen Betriebs genug Wasser für eine ganze Woche.

3. Wenn Ihre Pflanzen dicht gesetzt sind und mit einem Sprinklersystem bewässert werden, sollten Sie an dieser Stelle einen Regenmesser in den Boden stecken. Auf diese Weise können Sie ablesen, wie viel Wasser das Beet tatsächlich erhält.

4. Decken Sie außer bei Zwiebelpflanzen wie Küchenzwiebel und Knoblauch den Boden zwischen den Gemüsepflanzen mit Mulch ab. Eine 8–10 cm dicke Schicht Flachsschrot, Hanfbruch oder Kakaobohnenschalen sorgt für eine geringere Verdunstung und schränkt die nötigen Wassergaben deutlich ein.

Grundlagen
Wässern S. 24
Glossar
Mulch S. 107
Regenmesser S. 109

Juli | Im Handumdrehen | **ZUBEHÖR:** ein Korb

Tomaten ernten

Die Zeit der Belohnung ist gekommen: Die ersten Tomaten sind rot und warten nur noch auf etwas Olivenöl und eine Prise frisch gehackten Basilikums. An die Körbe, fertig, los!

Der schönste Moment

Tomaten sind am schmackhaftesten, wenn sie innerhalb von ein paar Stunden nach dem Abpflücken verzehrt werden. Zu diesem Zweck sollte man nur wirklich rote Früchte ernten. Wenn Sie sie jedoch erst später essen wollen, pflücken Sie lieber noch nicht ganz reife Tomaten mit einem Stückchen Stiel daran. Diese reifen dann nach, wenn man sie einfach in die Sonne legt. Allerdings sind sie nicht so saftig, denn es ist ja keine Pflanze mehr da, die sie mit Wasser versorgt.

Wenn zum Ende der Saison hin die Sonnenscheindauer so weit abnimmt, dass die Früchte nicht mehr reifen können, reißen Sie die ganze Pflanze mit den unreifen Früchten daran aus, und hängen Sie sie an den Wurzeln hinter einer Fensterscheibe in der Sonne auf. Dadurch werden zumindest noch die am weitesten entwickelten Früchte reif.

Wie wird's gemacht?

1. Wählen Sie beim Ernten die reifsten Früchte aus. Auch Tomaten an einer Pflanze reifen nacheinander, sodass die an der Spitze durchaus weiter sein können als unten wachsende.

2. Halten Sie die Tomate mit einer Hand fest, und drücken Sie mit dem Daumen der anderen auf den Stiel und zwar dort, wo er etwas verdickt oder verdreht ist. Die Frucht fällt dann ganz von allein ab.

3. Werfen Sie die Früchte keinesfalls einfach in den Korb, sondern legen Sie sie vorsichtig hinein, damit sie nicht beschädigt werden. Wenn Sie gleichzeitig verdorbene Früchte entfernen, legen Sie sie keinesfalls zu den guten, damit sie Ihnen nicht die Ernte verderben.

Grundlagen
Ernten S. 22
Porträts
Tomate S. 90
Glossar
Fruchtstiel S. 106

August *Im Handumdrehen* **ZUBEHÖR:** ein Mondkalender

Gärtnern nach dem Mond

Seit Generationen richten sich Gärtner und Landwirte bei der Aussaat und bei Pflegemaßnahmen nach dem Stand des Mondes. Auch wenn diese Vorgehensweise wissenschaftlich kaum untermauert ist, gibt ihnen der Erfolg dennoch Recht.

Wann hat der Mond die größte Wirkung?

Nach vielen Jahren der Beobachtung sagen Gärtner, dass die Auswirkungen des Mondes auf die Pflanzen sowohl mit seiner Höhe am Himmel als auch mit seiner Position im Verhältnis zu anderen Gestirnen zusammenhängen. Dabei begünstigen bestimmte Zeitabschnitte eher Blattgemüse, andere dagegen hauptsächlich fruchtende Pflanzen.

Ab- oder aufsteigend?

Wie die Sonne, die im Frühjahr jeden Tag ein wenig höher und ab Juli jeden Tag ein wenig niedriger am Himmel steht, so steigt auch der Mond im Verlauf der ersten Hälfte seines 28 Tage dauernden Zyklus zunächst jede Nacht etwas höher und in der zweiten jede Nacht etwas weniger hoch auf. In der ersten Hälfte ist es folglich ein aufsteigender und in der zweiten ein absteigender Mond

1. Stellen Sie die Position des Mondes zu einer bestimmten Uhrzeit anhand einer unveränderlichen Markierung (Gebäude, Mast usw.) fest.
2. Überprüfen Sie diese Position in der nächsten Nacht 2 Stunden später. Befindet sich der Mond dann über der Markierung des Vortages, ist er auf-, andernfalls absteigend.

Zu- oder abnehmend?

Diese Bezeichnungen beziehen sich auf die Form des Mondes. In der Nacht des Vollmondes sieht er wie ein nahezu perfekter Kreis aus. 7 Tage später ist dieser Kreis zu einem Halbkreis geworden, und weitere 7 Tage später ist er gänzlich verschwunden: Es ist Neumond, und die Phase bis zu diesem Punkt war von einer kontinuierlichen Abnahme gezeichnet. Über die folgenden 14 Tage baut sich seine Form dann wieder zu einem Vollmond auf; wir sprechen von einem zunehmenden Mond.

Wie man sich zurechtfindet

Wenn Sie auf einen unvollständigen Mond schauen und sich einen senkrechten Strich auf der rechten Seite vorstellen, der die Endpunkte der Sichel verbindet, sehen Sie dann ein kleines handgeschriebenes „a"? Wenn ja, ist er abnehmend, wenn nicht, zunehmend.

Gut zu wissen

Mondkalender findet man in Büchern oder im Internet. Vergessen Sie dabei aber nicht, dass es vor allem die vorherrschenden Wetterverhältnisse sind, die Ihre Arbeiten diktieren.

Grundlagen
Aussaat im Freibeet S. 12
Umpflanzen S. 16
Ernten S. 22
Vorziehen in Torftöpfchen S. 18
Vorgezogene Pflanzen setzen S. 20

Aufsteigender Mond	Absteigender Mond	Zunehmender Mond	Abnehmender Mond
Säen Ernten aller Nicht-Wurzelgemüse Abnehmen von Trieben zum Veredeln Veredeln	Boden aufbereiten Dünger verteilen Auslichten von Aussaaten Beschneiden Abknispen Pflanzen und Umpflanzen Ernten von Wurzelgemüsen	Schnittblumen abschneiden Ernte von Früchten und Gemüsen, die zum Einwecken bestimmt sind	Ernte von besonders geschmacksintensiven Früchten und Gemüsen zum sofortigen Verzehr

Der Gemüse-garten im Herbst

September	
Vorbereiten	Beete, auf denen gesät werden soll
Aussäen	Feldsalat, Radieschen, Rucola, Spinat
Pflanzen	Erdbeeren
Wässern	alle neuen Aussaaten
Ernten	Blumenkohl, Bohnen, Bohnenkraut, Endivien, Erbsen, Erdbeeren, Fenchel, Gemüsekohl, Gurken, Himbeeren, Kartoffeln, Knollensellerie, Kohlrabi, Lauch, Mais, Melonen, Minze, Möhren, Paprika, Radieschen, Rucola, Schnittlauch, Schnittsalat, Tellerkraut, Thymian, Tomaten
Sonstiges	Verpacken Sie die „Herzen" der Endivien, damit sie weiß werden.

Zu beachten

→ Die Haupterntesaison beginnt! Lassen Sie Ihr Gemüse nicht verderben. Laden Sie die ganze Familie in den Gemüsegarten ein!
→ Säen Sie Gründüngerpflanzen auf den freigewordenen Beeten.
→ Behandeln Sie die Äste der Obstbäume mit Bordeauxbrühe, nachdem sie ihre Blätter abgeworfen haben.
→ Setzen Sie im Frühjahr blühende Blumenzwiebeln entlang der Gehwege, damit der Gemüsegarten dann schon möglichst ansprechend aussieht.

Oktober	November
Beete, auf denen gesät werden soll	Stellen, an denen neue Obstbäume gesetzt werden sollen
Feldsalat, Radieschen, Spinat	
Zwiebeln	Endivien, Himbeeren, Rote Johannisbeere, Schwarze Johannisbeere, Spalierobst
alle neuen Aussaaten	Abgedeckte Beete
Bohnenkraut, Blumenkohl, Endivien, Erdbeeren, Fenchel, Gemüsekohl, Gurken, Haferwurzel, Himbeere, Kohlrabi, Knollensellerie, Lauch, Paprika, Radieschen, Rosenkohl, Rucola, Topinambur	Fenchel, Feldsalat, Haferwurzel, Knollensellerie, Knollenziest, Lauch, Radieschen, Rosenkohl, Spinat, Topinambur
Glätten Sie die Anhäufelungen beim Spargel. Verpacken Sie den Chicorée, damit er weiße Blätter treibt. Schneiden Sie die Himbeersträucher zurück.	Decken Sie noch bestellte Beete bei zu erwartendem Frost mit Winterfolie ab. Düngen Sie die Beete mit Kompost.

Zwei Vorschläge *Beispiele*

Vorbereitungen auf den Winter

So langsam leeren sich die Beete. Es ist Herbst im Gemüsegarten geworden. Nach den letzten Ernten muss man nun an die Vorbereitungen für den Winter denken. Aber es ist jetzt auch die Zeit zum Aussäen und Pflanzen von frosthartem Gemüse für die Wienterernte.

1. Der einfache Gemüsegarten

Wie wird's gemacht?

1. Bringen Sie im September die zweite Himbeerernte ein. Schneiden Sie anschließend alle Zweige etwas unterhalb der Stelle zurück, an der sie jetzt Früchte getragen haben. Dadurch wird der Austrieb neuer Triebe angeregt, die dann nächstes Jahr fruchten.
2. Pflanzen Sie Spinat, Feldsalat und Kopfsalat an die Stelle der Tomaten, sobald diese entfernt sind.
3. Säen Sie Radieschen anstelle des im Juli ausgerissenen Knoblauchs.
4. Pflanzen Sie Palerbsen, die mit Frost besser zurechtkommen als Markerbsen an die Stelle der Kartoffeln. Wenn Ihre Erde die Feuchtigkeit gut hält, säen Sie sie eher auf kleinen Pflanzhügeln aus, sodass erst die Wurzeln den feuchten Boden erreichen.
5. Säen Sie Senf aus, damit der Boden nach der Ernte des Salates und der Bohnen aufgebessert wird.

Gut zu wissen

Behandeln Sie die Obstbäume gegen Krankheiten und Schädlinge. Fegen Sie das Laub darunter zusammen, und werfen Sie es auf den Kompost. Lassen Sie Brachflächen nicht frei, sondern verteilen Sie auf allen leeren Beeten eine 8–10 cm hohe Schicht Mulch oder Kompost.

2. Das Gemüsegarten-Mosaik

Wie wird's gemacht?

1. Behandeln Sie die Obstbäume mit Bordeauxbrühe, einmal, wenn sie neue Blätter bilden, und erneut, wenn sie ihr Laub verloren haben.
2. Die im Frühbeet vorgezogenen Kohlpflanzen werden jetzt an die Stelle der Tomaten ausgepflanzt. Kohl verlangt eine stets feuchte Erde; wässern Sie ihn also auch bei niedrigen Temperaturen.
3. Säen Sie Klee auf den Auberginen- und Paprikabeeten, deren trockene Reste nun auf den Kompost können.
4. Säen Sie noch für eine dritte Radieschenernte.
5. Ernten Sie weiterhin die schönsten Rosetten des Feldsalats.
6. Säen Sie Spinat anstelle der Möhren.

Gut zu wissen

Legen Sie jetzt einen neuen Komposthaufen an, indem Sie die neuen Sommerabfälle mit einer Schubkarre voll alten Kompost mischen; hierdurch wird der Zersetzungsprozess beschleunigt. Das Material des alten Komposthaufens verwenden Sie zum Abdecken leerer Beete.

Möhren zum Einwecken, gesät im Sommer, geerntet im Herbst

1. Der einfache Gemüsegarten

Welche Gemüsesorten?

① Rote Johannisbeere (*Ribes rubrum* 'Junifer'; 3 Sträucher) und Himbeeren (*Rubus idaeus* 'Heritage'; 8 Sträucher).
② Spinat (*Spinacia oleracea* 'Monstrueux de Viroflay'; 2 Reihen mit je 5 Pflanzen).
③ Feldsalat (*Valerianella locusta* 'Coquille de Louvriers'; 1 m² als Auswurfsaat).
④ Kopfsalat (*Lactuca sativa* 'Barbarossa'; 2 Reihen mit je 5 Pflanzen).
⑤ Radieschen (*Raphanus sativus* 'Gloriette'; 1 m² als Auswurfsaat).
⑥ Lauch (*Allium porrum* 'Bleu de Solaise'; 2 Reihen mit je 8 Pflanzen).
⑦ Gemüsekohl (*Brassica oleracea* 'Gros de Vertus'; 2 Reihen mit je 3 Pflanzen).
⑧ Gewürzpflanzen.
⑨ Palerbsen (*Pisum sativum* 'Plein de Panier'; 3 Reihen von 2 m Länge).
⑩ Gründüngerpflanzen (20 g Samen).

Außerdem:

⑪ 1 Komposthaufen.

2. Das Gemüsegarten-Mosaik

Welche Gemüsesorten?

① Birnbäume (*Pyrus communis* 'Williams' und 'Conférence'; je 1 Exemplar) und Apfelbäume (*Malus communis* 'Delbarestivale' und 'Golden Delicious'; je 1 Exemplar).
② Gewürzpflanzen.
③ Gemüsekohl (*Brassica oleracea* 'Gros de Vertus'; 2 Reihen mit je 5 Pflanzen).
④ Gründüngerpflanzen (20 g Samen).
⑤ Lauch (*Allium porrum* 'D'hiver de St. Victor'; 3 Reihen mit je 8 Pflanzen).
⑥ Radieschen (*Raphanus sativus* 'Mirabeau'; etwa 0,5 m² als Auswurfsaat).
⑦ Feldsalat (*Valerianella locusta* 'À grosse Graine'; 0,5 m² als Auswurfsaat).
⑧ Spinat (*Spinacia oleracea* 'Géant d'hiver'; 3 Reihen mit je 4 Pflanzen).

Außerdem:

⑨ Beete mit Mulch.
⑩ 1 Komposthaufen.

September | *Allgemeines* | **ZUBEHÖR:** eine Grabgabel und ein Pflanzholz

0,75 Euro pro Töpfchen — 30' für 15 Pflanzen

Erdbeeren für den Sommer

Was wäre ein Gemüsegarten ohne Erdbeeren? Ausgenommen auf sehr kalkhaltigen Böden wachsen Erdbeeren überall. Verzichten Sie also nicht darauf!

Welche Sorten?

Mehrfach fruchtende Sorten sind die bessere Wahl, denn sie bescheren Ihnen eine Ernte im Juni und Juli und eine weitere von August bis zum ersten Frost. Für diese doppelte Ernte müssen allerdings alle ab Mai erscheinenden Blüten entfernt werden. 'Gento' ist eine Sorte mit großen Früchten, die Sie nicht enttäuschen wird. 'Mara des Bois' und 'Reine des Vallées' bilden kleine Früchte, die wie Walderdbeeren duften.

Wie wird's gemacht?

1. Bereiten Sie die Erde entlang eines Gehweges vor, sodass später das Ernten vereinfacht wird. Im Idealfall werden dazu 50 Liter Komposterde pro m² untergemischt.
2. Legen Sie mit der Pflanzschaufel Löcher in Abständen von 40 cm und der Tiefe der Wurzelballen an. Weichen Sie die Töpfe mit den Pflanzen in Wasser ein.

3

3. Setzen Sie Pflanzen in das Loch, und füllen Sie es mit feiner Erde auf. Achten Sie dabei darauf, dass der Wurzelhals nicht mit in den Boden gerät.
4. Drücken Sie die Erde sorgfältig von allen Seiten an, und wässern Sie sofort mit der Gießkanne, damit die Wurzeln einen guten Kontakt zum umgebenden Erdreich bekommen.
5. Decken Sie im Frühjahr den Boden um die Pflanzen mit grobem Mulch ab. Hierdurch wird die Bodenfeuchtigkeit aufrechterhalten, und die Früchte bleiben sauber. Der Mulch wird dann im kommenden Herbst einfach untergegraben.

Gut zu wissen

Erdbeeren sind zumeist nach 3 Jahren erschöpft. Daher sollten ältere Pflanzen durch neue ersetzt werden. Wenn Sie diese im Handel kaufen, achten Sie darauf, dass sie als frei von Krankheiten gekennzeichnet sind. Setzen Sie diese an eine andere Stelle im Garten, denn der Boden an der vorherigen ist nun ausgelaugt.

Grundlagen
Aufbereitung des Bodens S. 10
Vorgezogene Pflanzen setzen S. 20
Glossar
Kompost S. 107
Mulch S. 108

September *Im Handumdrehen* **ZUBEHÖR:** eine Schaufel und ein Sieb

20' jeden Monat

Kompostieren

Im Garten fallen jede Menge pflanzliche Abfälle in Form verwelkter Pflanzen, abgeschnittener Triebe, nicht geernteter Früchte usw. an. Mit einem Komposthaufen kann man diese und ähnliche Materialien in Gründünger verwandeln.

Was kann auf den Kompost?

Grundsätzlich können alle organischen Gartenabfälle auf den Kompost, ausgenommen Unkräuter und von Krankheiten befallene Pflanzen. Ebenfalls geeignet sind organische Küchenabfälle wie Eier- und Obstschalen oder Kaffeesatz. Während Fleischreste und chemisch behandelte Abfälle dort nichts zu suchen haben.

Wie wird's gemacht?

Bei einem Garten normaler Größe ist die Anschaffung eines Kompostierers eine überflüssige Ausgabe. Reservieren Sie stattdessen eher eine Fläche von 2 m² in einer verborgenen, aber dennoch gut mit der Schubkarre erreichbaren Ecke des Gartens. Der Boden bleibt so, wie er ist, wird also nicht mit Beton, Brettern oder Plastik abgedeckt, denn der Kompost soll direkten Kontakt mit dem Boden haben, damit Mikroorganismen und von Pflanzenabfällen lebende Tiere wie Regenwürmer ihn ohne Schwierigkeiten besiedeln und beim Umwandeln der Pflanzenabfälle helfen können.

1

2

1. Werfen Sie die anfallenden Pflanzenreste auf den Kompost. Stampfen Sie sie zusammen, um sie zu verdichten. Da der Haufen nie austrocknen darf, wird er gewässert, wenn er trocken aussieht.
2. Einmal im Monat wird er um einen Meter versetzt, von oben nach unten abgetragen und nebenan wieder aufgehäuft. Durch dieses „Wenden" bekommen alle Bereiche ausreichend Sauerstoff, und alte Bestandteile werden mit neueren vermischt.

Und dann?

Das Wässern und das monatliche Wenden sorgen dafür, dass der Komposthaufen nicht zu stinken anfängt. Es dauert etwa 4–6 Monate, bis eine schwärzliche Humuserde entstanden ist. Bevor man sie zum Aussäen oder Auspflanzen verwendet, muss man sie zunächst aber noch mit Erde aus dem Garten mischen. Es lohnt sich, den Kompost vorher auszusieben, damit größere Stücke noch unvollständig zersetzter Bestandteile entfernt werden. Die dabei ebenfalls anfallenden Regenwürmer sollten zurück auf den Komposthaufen geworfen werden.

Glossar
Humus S. 107
Kompost S. 107

Oktober | *Im Handumdrehen* | **ZUBEHÖR:** eine Grabgabel

Wurzelgemüse einlagern

Anders als Blattgemüse, kann man Wurzelgemüse wie Möhren, Rote Bete, Herbstrüben und Kartoffeln den ganzen Winter über in einer frostgeschützten Miete frisch halten.

Vorrat für den Winter

Knollenziest, Haferwurzel und Knollensellerie können den Winter über sogar in ihren Beeten bleiben. Es genügt, die Blätter oberhalb der Wurzel abzuschneiden und sie mit Laub abzudecken. Um Fäulnis zu verhindern, muss diese Schutzschicht entfernt werden, wenn es zwischendurch wieder wärmer wird.

Kartoffeln, Möhren und Rote Bete müssen hingegen in einer Miete untergebracht werden. Wenn Sie keinen geeigneten Vorratskeller im Haus haben und Ihre Gartenerde gut durchlässig ist, können Sie sich draußen eine unterirdische Miete anlegen. Dafür kann schon eine Grube von 30 cm Tiefe ausreichen, deren Wände vor dem Einstürzen gesichert werden, z.B. mit Brettern. Manche Gärtner verwenden auch die Trommel einer alten Waschmaschine.

Wie wird's gemacht?

1. Legen Sie eine Grube der gewünschten Größe an, und verschalen Sie diese mit Brettern oder Plastikplatten.

2. Decken Sie den Boden der Grube mit einer 5 cm hohen Schicht Sand ab.

3. Legen Sie darauf die Wurzelgemüse so aus, dass jeweils Zwischenräume von etwa 2 cm frei bleiben; sollte eine Wurzel zu faulen beginnen, kann sie ihre Nachbarn so nicht in Mitleidenschaft ziehen.

4. Decken Sie die Auslage 5 cm hoch mit Sand ab, und legen Sie darauf die nächste Lage aus, bis die Grube voll ist oder alle Vorräte untergebracht sind.

Gut zu wissen

Legen Sie eine Miete nicht in der Nähe von Öltanks an, da die Wurzelgemüse deren Geruch annehmen können.

Porträts
Haferwurzel S. 100
Herbstrübe S. 84
Kartoffel S. 98
Knollensellerie S. 79
Möhre S. 88
Rote Bete S. 81

Oktober **SOS** **ZUBEHÖR:** Winterfolie, Gestänge und Mulch

Gemüsepflanzen vor Frost schützen

Eine Aprilnacht mit –2 °C genügt, und Ihre Aussaaten sind erfroren! Verfolgen Sie daher die Wettervorhersage, um noch rechtzeitig Schutzmaßnahmen ergreifen zu können.

Was schützen?

Gegen Ende des Winters befindet sich gewöhnlich nur noch wenig Gemüse im Garten. Zumeist handelt es sich dabei um frostunempfindliche Arten wie Lauch oder Kohl, die nur einen minimalen Schutz benötigen. Umfangreichere Frostschutzmaßnahmen sind somit hauptsächlich für neue Aussaaten und Anpflanzungen relevant.

Was schützen?

1. Frost macht Kohl normalerweise nichts aus, wohl aber der Wechsel von Frost- und Tauwetter. Um die negativen Auswirkungen einzuschränken, heben Sie die Köpfe mit der Grabgabel an, neigen Sie sie nach Norden, und fixieren Sie sie mit einer Schaufel Erde in dieser Position.
2. Bei gefrorenem Boden ist Lauch darin wie eingeschweißt und lässt sich nur mit Mühe ernten. Decken Sie den Boden vor dem Frost mit einer 10 cm hohen Schicht Flachsschrot ab, um so ein Durchfrieren zu verhindern.
3. Feldsalat und Spinat überstehen Frost ohne Schäden, müssen aber dann vor der Verarbeitung in ein Wasserbad, damit die Blätter wieder geschmeidig werden. Das lässt sich vermeiden, wenn Sie die entsprechenden Beete schon vor dem ersten Frost mit Winterfolie abdecken.
4. Plötzliche Nachtfröste treten manchmal bis Mitte Mai auf, und können dann Ihr gesamtes Gemüse auf einen Schlag vernichten. Decken Sie die Aussaaten daher vorsorglich jeden Abend mit Winterfolie ab, und schützen Sie die Setzlinge mit einem Folientunnel.

Gut zu wissen

Schützen Sie Ihr Spalierobst vor Nachtfrost, indem Sie die Bäume abends komplett mit Wasser abspritzen. Gibt es tatsächlich Frost, gefriert das Wasser und bildet so eine schützende Hülle um die Knospen und Austriebe.

Grundlagen
Schutzmaßnahmen S. 26
Porträts
Blumenkohl S. 82
Feldsalat S. 100
Gemüsekohl S. 82
Kohlrabi S. 83
Lauch S. 77
Rosenkohl S. 83
Spinat S. 99
Glossar
Frostschutz S. 106
Mulch S. 108
Spalierobst S. 111

Oktober | *Beispiele* | **ZUBEHÖR:** eine Pflanzschaufel

Das Ende der Ernte

Im Herbst werden vor allem die letzten sonnengereiften Früchte geerntet, aber auch jetzt können noch einige Gemüsesorten mit kurzer Reifezeit angepflanzt werden, etwa Blattsalate.

Welche Gemüse?

① Tomaten (*Lycopersicon esculentum*). 5–10 Pflanzen der süßlichen 'Rose de Berne' oder der festfleischigen Sorte 'Roma'.

② Kopfsalat (*Lactuca sativa*). 10–40 Pflanzen 'Apia' oder 'Merveille des 4 Saisons', die man zwischen Frühjahr und Anfang Herbst setzen kann.

③ Möhren (*Daucus carota*). 50 Pflanzen, z. B. 'Juwarot' oder 'Sprinter', die zu den schmackhaftesten Sorten gehören.

④ Bohnen (*Phaseolus vulgaris*). Ein Tütchen Samen 'Alaric' oder 'Novirex' zur Furchenaussaat.

Wie wird's gemacht?

1. Schneiden Sie bei den Tomatenpflanzen den Stängel zwischen 1 und 1,50 m über dem Boden ab, damit nur etwa 10 der unteren Früchte erhalten bleiben, die nun die ganze Kraft für sich haben.
2. Pflanzen Sie den Salat in einer mit der Schaufel gezogenen Furche aus. Breiten Sie die Wurzeln aus, häufeln Sie ringsherum Erde an, und drücken Sie diese fest. Das Herz des Salatkopfes darf nicht eingegraben sein! Wenn Sie erst nach der Sommerhitze pflanzen, wachsen die Pflanzen weniger in die Höhe, vor allem wenn Sie eine der Herbstsorten wählen.
3. Ernten Sie die zum Einlagern bestimmten Möhren, die Sie im Juni ausgesät haben, und verstauen Sie sie für den Winter im Keller oder in der Miete. Heben Sie sie mit der Grabgabel aus, und lassen Sie sie 2 Tage zum Abtrocknen auf der Erde liegen. Entfernen Sie dann die Blätter und wischen Sie die Wurzeln ab, aber waschen Sie sie nicht, bevor sie eingelagert werden.
4. Lassen Sie die oberirdischen Teile der um Mitte August ausgesäten Bohnen stehen, auch wenn die Erntezeit vorüber ist, denn die Pflanzen der Familie Fabaceae können Luftstickstoff fixieren. Wenn sie vertrocknet sind, gräbt man sie unter, damit der kostbare Stickstoff dem Boden zugute kommt.

Und dann?

Wenn die abgeerntete Fläche zu groß ist für das ausschließliche Anpflanzen von Blattgemüse, lassen Sie den Boden nicht offen liegen, sondern decken Sie ihn mit einer Lage Kompost ab.

Gut zu wissen

Tomaten, Paprika und andere große Gemüsefrüchte können gut im Haus nachreifen. Man legt sie dazu mit einer Banane in einen Korb. Die Banane gibt ein Gas ab, das die Reifung anderer Früchte beschleunigt.

Grundlagen
Vorgezogene Pflanzen setzen S. 20
Ernten S. 22
Porträts
Grüne Bohne S. 93
Kopfsalat S. 90
Möhre S. 88
Paprika S. 82
Tomate S. 90
Trockenbohne S. 93
Glossar
Kompost S. 107

Zubehör: eine Grabgabel und eine Gartenschere

1,50 bis 3,50 Euro pro Packung | 10' zum Setzen | 1h zum Verpacken

Chicorée – auch für Anfänger

Es heißt oft, Chicorée sei schwierig zu kultivieren und daher ausschließlich eine Sache für erfahrene Gärtner. Tatsächlich kann sie aber jeder in der Garage oder im Keller und selbst in Flaschen in der Küche ziehen!

Welche Sorten?

Chicorée (*Cichorium intybus* var. *foliosum*) ist nah mit der Endivie (*Cichorium endivia*) verwandte und bringt daher genau wie diese zahlreiche grüne Blätter hervor, die denen von Blattsalat nicht unähnlich sind. Gräbt man im Herbst die Chicoréeknollen aus und schneidet die Blätter ab, werden neue ausgetrieben, die weiß sind, wenn man die Knollen dabei vom Licht abschirmt.

Es gibt mehrere Sorten, von denen 'Magnum' und 'Zoom' besonders zu empfehlen sind, weil sie ohne Deckerde treiben, aber auch 'Carla', deren Blätter zart purpurn sind.

3

4

5

Wie wird's gemacht?

1. Im Mai sät man die Samen in flachen Furchen aus. Wenn die Pflänzchen 8–10 cm hoch sind, werden sie so ausgelichtet, dass nur noch alle 30 cm eine Pflanze stehen bleibt.
2. Im November zieht man die Pflanzen nach dem Aufbrechen des Bodens mit der Grabgabel mitsamt ihrer Wurzelknolle heraus (nehmen Sie Knollen mit mindestens 3 cm Durchmesser).
3. Schneiden Sie die Blätter etwa 1 cm oberhalb des Wurzelhalses ab, und kürzen Sie die Wurzel so, dass nicht mehr als 15 bis 20 cm übrig bleiben.
4. Stellen Sie die Wurzelknollen aufrecht in eine Wanne oder einen Karton, füllen Sie mit feiner Erde oder Komposterde bis zum Kragen der Knollen auf, und bringen Sie den Ansatz an einem frostfreien Ort.
5. Decken Sie alles z. B. mit Torf ab. So vor Licht geschützt, treiben die Pflanzen in den nächsten 4–6 Wochen zarte Blätter.

Gut zu wissen

Um die Erntezeit zu verlängern, kann man alle 2 Wochen neue Kulturen ansetzen. Sie können Chicorée auch einzeln ziehen, indem Sie ihn in abgeschnittenen Plastikflaschen mit einer Füllung aus Torf unterbringen.

Grundlagen
Aussaat im Freibeet S. 12
Vereinzeln S. 14
Porträts
Endivie S. 85

Der Gemüse-  garten im Winter

Dezember	
Vorbereiten	Stellen, an denen Obstbäume gepflanzt werden sollen
Pflanzen	Himbeere, Rote Johannisbeere, Schwarze Johannisbeere, Spalierobstbäume
Aufpassen	
Wässern	Geschützt untergebrachte Kulturen
Düngen	Unbepflanzte Beete mit organischem Material
Ernten	Feldsalat, Haferwurzel, Rosenkohl, Spinat
Sonstiges	Schützen Sie noch bestellte Beete mit Winterfolie vor schwerem Frost.

Zu beachten

→ Achten Sie unter den Abdeckungen auf Schädlinge; auch diese suchen Schutz und Wärme.

→ Wenn die Beete leer sind, ist die Zeit zum Düngen gekommen; verteilen Sie Mist, Kompost oder anderen organischen Dünger.

→ Machen Sie Stützen, Behälter und Geräte sauber, und desinfizieren Sie sie mit Bleichlauge, um die Ausbreitung von Krankheitskeimen zu verhindern.

→ Wenden Sie im Februar den Komposthaufen zur Belüftung.

→ Schneiden Sie gegen Ende des Winters die Johannisbeeren und andere Obststräucher sowie das Spalierobst zurück.

Januar	Februar
Stellen, an denen Obstbäume gepflanzt werden sollen	Alle Beete, die nicht mit Mulch abgedeckt sind
Himbeere, Rote Johannisbeere, Schwarze Johannisbeere, Küchenzwiebel	Himbeere, Knoblauch, Rote Johannisbeere, Schalotte, Schwarze Johannisbeere, Spargel, Küchenzwiebel
Spritzen Sie Stämme und Äste von Obstbäumen mit einem „Wintermittel".	
Geschützt untergebrachte Kulturen	Geschützt untergebrachte Kulturen
	Verteilen Sie „Dünger für den Gemüsegarten" auf allen Beeten.
Feldsalat	
Reinigen Sie Stützen und Behälter.	Säen Sie Ackerbohnen und Erbsen aus. Häufeln Sie den Spargel an. Schneiden Sie alle Obstbäume zurück.

Zwei Vorschläge | *Beispiele*

Großer Winterputz

Die ersten Frosteinbrüche zeigen den Beginn der Ruhesaison im Gemüsegarten an. Lediglich einige frostunempfindliche Gemüse sind noch an ihren Plätzen und ein paar andere frösteln unter ihren Schutzabdeckungen. Es ist die richtige Zeit zum Hausputz.

1. Der einfache Gemüsegarten

Wie wird's gemacht?

1. Decken Sie den Wurzelbereich der Obstbäume mit einer Schicht Laub oder besser noch Stroh ab. Entfernen Sie die ältesten Triebe der Johannisbeersträucher, bis nur noch ein rundes Dutzend der jüngeren und kräftigsten übrig bleibt.

2. Decken Sie den Spinat mit Winterfolie ab. Diese reicht als Schutz auch vor strengem Frost aus und ermöglicht Ihnen eine kontinuierliche Ernte.
3. Schützen Sie den Feldsalat mit Winterfolie (in gleicher Weise wie beim Spinat).
4. Ernten Sie den letzten Lauch und Gemüsekohl, damit auch diese Beete leer werden.
5. Errichten Sie einen Folientunnel über den Erbsen, wenn der Frost streng wird. Wählen Sie hierzu am besten ein Modell, das einfach nur über die Pflanzen gestellt wird und keine aufwändigen Verankerungen im Boden oder ein Bespannen mit Plastikfolie erfordert.
6. Mähen Sie die Senfpflanzen im Herbst ab, graben Sie sie unter, und mulchen Sie den Boden noch vor dem Frost ein.

Gut zu wissen

Entfernen Sie von Frost zerstörte Gewürzpflanzen, denn Sie müssen im Frühjahr neue setzen.

Lassen Sie sich nicht zum Aufarbeiten des Bodens verleiten, wenn dieser durch vorübergehendes Tauwetter aufgeweicht ist; warten Sie damit, bis es zu Beginn des Frühjahrs dauerhaft wärmer wird.

2. Das Gemüsegarten-Mosaik

Wie wird's gemacht?

1. Schneiden Sie die Obstbäume zurück, um ihre Silhouette aufzulockern und sie zum Austreiben neuer Zweige anzuregen. Verwenden Sie dazu ausschließlich geeignetes Werkzeug, und desinfizieren sie zwischendurch, damit Sie keine Krankheitserreger übertragen. Wenn Sie dicke Äste herausschneiden wollen, warten Sie auf einen Tag mit Plustemperaturen. Bestreichen Sie die Schnittstelle anschließend mit einem handelsüblichen Wachs, damit es nicht zu Infektionen kommt. Decken Sie den Wurzelbereich mit Stroh oder Laub ab.
2. Richten Sie die Kohlköpfe nach Norden aus, wenn die Temperaturen auf unter –5 °C gefallen sind. Dadurch wird das Auftauen bei wärmerer Witterung verlangsamt, was beim Kohl im Winter die größten Schäden verursacht.

3. Ziehen Sie den letzten Lauch. Dies sollte kein Problem sein, wenn Sie den Boden mit Flachsschrot abgedeckt haben.
4. Decken Sie den Spinat mit Winterfolie ab. Diese reicht als Schutz auch vor strengem Frost aus und ermöglicht Ihnen eine fortgesetzte Ernte.
5. Schützen Sie den Feldsalat mit Winterfolie in der gleichen Art wie den Spinat.

Gut zu wissen

Lassen Sie keine Bodenfläche unbedeckt, auch nicht im tiefsten Winter! Verteilen Sie auf allen Brachflächen eine 8–10 cm dicke Lage Stroh oder Kompost.

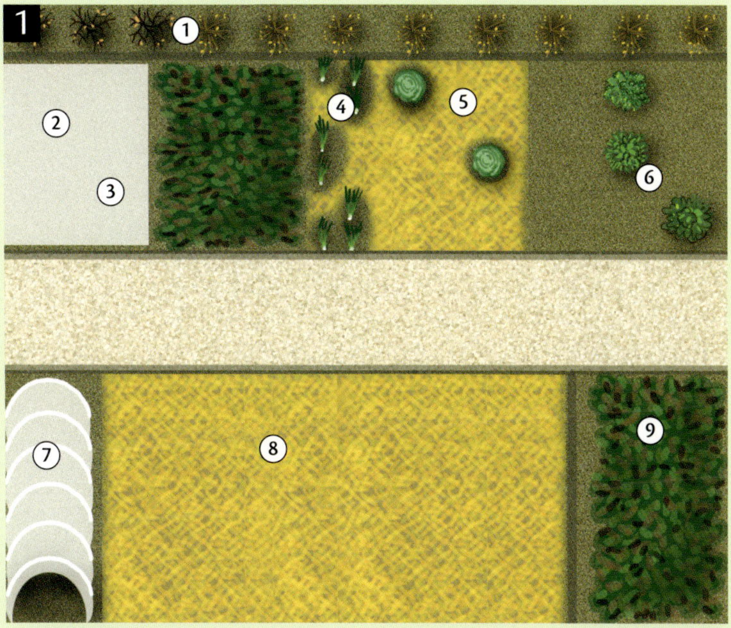

1. Der einfache Gemüsegarten

Welche Gemüsesorten?

① Rote Johannisbeere (*Ribes rubrum* 'Junifer'; 3 Sträucher) und Himbeeren (*Rubus idaeus* 'Heritage'; 8 Sträucher).
② Spinat (*Spinacia oleracea* 'Monstrueux de Viroflay'; 2 Reihen mit je 5 Pflanzen).
③ Feldsalat (*Valerianella locusta* 'Coquille de Louvriers'; 1 m² als Auswurfsaat).
④ Lauch (*Allium porrum* 'Bleu de Solaise'; 2 Reihen mit je 8 Pflanzen).
⑤ Gemüsekohl (*Brassica oleracea* 'Gros de Vertus'; 2 Reihen mit je 3 Pflanzen).
⑥ Gewürzpflanzen.
⑦ Erbsen (*Pisum sativum* 'Plein de Panier'; 3 Reihen von 2 m Länge).

Außerdem:

⑧ Beete abdecken.
⑨ 1 Komposthaufen.

2. Das Gemüsegarten-Mosaik

Welche Gemüsesorten?

① Birnbäume (*Pyrus communis* 'Williams' und 'Conférence'; je 1 Exemplar) und Apfelbäume (*Malus communis* 'Delbarestivale' und 'Golden Delicious'; je 1 Exemplar).
② Gewürzpflanzen.
③ Gemüsekohl (*Brassica oleracea* 'Quintal d'Alsace'; 2 Reihen mit je 5 Pflanzen).
④ Lauch (*Allium porrum* 'Bleu de Solaise'; 2 Reihen mit je 10 Pflanzen).
⑤ Spinat (*Spinacia oleracea* 'Géant d'hiver'; 3 Reihen mit je 4 Pflanzen).
⑥ Feldsalat (*Valerianella locusta* 'À grosse Graine'; 0,5 m² als Auswurfsaat).

Außerdem:

⑦ Beete abdecken.
⑧ 1 Komposthaufen.

Dezember *Allgemeines* **ZUBEHÖR:** Wassertank, Rohre

30 Euro 2h

Regenwasser auffangen

Das aus dem Himmel fallende Wasser gehört dem Boden. Es wäre also wahrlich frevelhaft, es im Herbst und im Winter nicht aufzufangen, um das Wasser im kommenden Sommer nutzbringend zu verwerten

Nutzen Sie Ihre Regenrinnen

Wussten Sie, dass man in einem Gebiet mit durchschnittlichen Niederschlägen von 600 mm auf einer Dachfläche von 150 m² theoretisch 90.000 Liter auffangen könnte, also etwa den Jahresbedarf eines Gemüsegartens? Das allein ist ein guter Grund, sich das Dach und seine Regenrinnen zunutze zu machen. Dazu muss man nur einige Meter Fallrohr oder Rippenschlauch sowie einen großen oder mehrere kleinere Behälter anschaffen, in den denen das Regenwasser gespeichert wird.

Wie wird's gemacht?

1. Oberirdische Tanks sollten wenigstens 30 cm über dem Boden auf einem gemauerten Sockel stehen und mit einem Hahn ausgestattet werden; bei einem unterirdischen Tank benötigen Sie eine Tauchpumpe. Beide müssen verschlossen sein und einen Überlauf besitzen.
2. Verbinden Sie den Wassertank mit der Regenrinne. Stellen Sie sicher, dass ein überlaufender Tank keine Schäden an Haus oder Garten anrichten kann.
3. Sorgen Sie dafür, dass die Zuleitung ein Gefälle aufweist und sich an keiner Stelle unter der Höhe der Oberkante des Vorratstanks befindet.
4. Wenn Sie Reihen von Fässern zur Aufbewahrung des Wassers verwenden wollen, können sie diese durch feste Rohrverbindungen knapp unter der Oberkante verbinden, damit das Regenwasser bei Erreichen dieser Verbindung in das nächste Fass läuft. Dazu muss der letzte Behälter aber eine Entlüftungs- und Überlauföffnung haben. Wenn man keine Tauchpumpe verwendet, muss jeder Behälter mit einem eigenen Hahn an der Unterkante ausgestattet sein.

Grundlagen
Wässern S. 24

Dezember | Im Handumdrehen | **ZUBEHÖR:** ein Spaten oder eine Grabgabel

20–30 Euro pro Baum

30' pro Baum

Spalierobst anpflanzen

An Spalieren wachsende Obstbäume brauchen nicht viel Platz und werfen bei guter Planung keinen Schatten, der auf angrenzenden Gemüsebeeten unerwünscht wäre. Außerdem eignen sie sich gut zum Verkleiden von kahlen Mauern.

Welche Bäume?

Zu dieser Zeit des Jahres werden Obstbaumsetzlinge mit nackten Wurzeln in Plastikfolie angeboten. Sie haben also weder Topf noch Erde, weil sie sich in der Winterruhe befinden. Die Obstbäume werden in die gewünschte Form (Palmette, Fächer usw.) gebracht, solange sie noch jung und biegsam sind.

Wie wird's gemacht?

1. Bringen Sie die Halterungen für das Spalier an der Wand an. Verwenden Sie dazu feste Bolzen, die wenigstens 10 cm herausstehen, und verbinden Sie diese mit dickem, fest gespanntem Draht. Die erste Reihe sollte dabei etwa 50 cm über dem Boden liegen. Bei bestimmten Formen, etwa einer Palmette mit schrägen Ästen kann außerdem eine senkrechte Verdrahtung erforderlich sein.

Bei frei stehenden Spalieren verwendet man tief eingeschlagene, stabile Eisenstangen, die außerdem mit Spanndraht gesichert werden müssen.

2. Graben Sie ein Pflanzloch von 50 x 50 cm oder besser noch 80 x 80 cm und gleicher Tiefe. Wenn die Erde an dieser Stelle auch im Winter feucht bleibt, muss der Boden mit einer 10 cm hohen Schicht Kies ausgelegt werden, damit eine gute Drainage garantiert ist.

3. Lockern Sie den Aushub auf, und füllen Sie das Loch so weit wieder auf, dass noch Platz für den Wurzelstock des kleinen Baumes bleibt.

4. Setzen Sie das Bäumchen in einem Abstand von etwa 20 cm zur Mauer an die gewünschte Stelle und zwar so tief, dass sich der Veredelungspunkt 2–3 cm über der Bodenoberfläche befindet. Mit einer auf den Boden gelegten Leiste können Sie das leicht überprüfen.

5. Mischen Sie den Rest des Aushubs mit

7

2–3 Schaufeln Kompost, und verteilen Sie ihn von oben zwischen den ausgebreiteten Wurzeln des Bäumchens. Durch Einstechen mit einem dünnen Stock lassen sich die unvermeidlichen Hohlräume füllen.

6. Drücken Sie die Erde an, und nehmen Sie den Rest zum Anlegen eines Gießringes, der ungefähr die Fläche umfasst, über die sich die Wurzeln erstrecken. Gießen Sie sofort gut an (mindestens 3 Gießkannen), damit auch die letzten Hohlräume verschwinden.

7. Etwa 2 Wochen später sollte der Baum angewachsen sein. Jetzt können seine Zweige mit Bast ganz locker am Spalier festgebunden werden.

Porträts
Apfel S. 91
Birne S. 94
Glossar
Kompost S. 107
Spalierobst S. 111
Veredelung S. 112

Januar **SOS** **ZUBEHÖR:** eine Nylonbürste

Werkzeug und Zubehör pflegen

Nutzen Sie die Zeit, während der im Gemüsegarten nichts zu tun ist, um Ihr Werkzeug auf das kommende Frühjahr vorzubereiten. Vor allem Geräte aus Holz können Überträger von Krankheiten sein.

Was reinigen?

Holz ist ein Naturprodukt mit feinen oder auch größeren Ritzen, die Raum für Krankheitserreger oder Eier von Schädlingen bieten können. Hier mag man in erster Linie an Pfähle und Stützen denken, aber auch die Stiele von Spaten, Hacken, Schaufeln oder Harken sowie Bretter, Kisten, Körbe können betroffen sein. Töpfe, Kübel und Wannen, die zum Vorziehen benutzt werden und noch Reste von Erde beinhalten, sind weitere Gefahrenherde. Bei Schneidewerkzeugen sind es die Klingen, die mit Alkohol desinfiziert werden sollten, ebenso wie die Blätter und Zinken von Spaten und Grabgabel.

Wie wird's gemacht?

1. Tauchen Sie alle hölzernen Stützen in Bleichlauge oder Bordeauxbrühe.
2. Bürsten Sie sämtliche Töpfe und andere Pflanzbehälter aus Ton gründlich mit einer Nylonbürste ab, und waschen Sie sie dann mit einem Schwamm und Bleichlauge aus. Spülen Sie sie anschließend mit reichlich klarem Wasser.
3. Spritzen Sie die Schubkarre und alle anderen Werkzeuge mit einem scharfen Wasserstrahl ab, und pinseln Sie sie anschließend gut mit Bordeauxbrühe ein.
4. Reiben Sie alle Schneidewerkzeuge wie Scheren und Messer mit einem

Wattebausch und 90-prozentigem Alkohol ab.

Gut zu wissen

Heute sind Stützen, Gartenwerkzeuge und Schubkarren weitestgehend aus hochwertigem Stahl hergestellt, der sie nicht nur leichter und stabiler, sondern auch einfacher zu reinigen macht als Gerätschaften aus Holz. Gleiches gilt für Kisten und Töpfe aus Plastik.

Glossar Schädlinge und Krankheiten S. 109

ZUBEHÖR: eine Doppelgrabgabel, ein Pflanzholz und eine Harke

Wintergemüse: Kohl, Feldsalat, Lauch

Im Gemüsegarten ist der Winter gleichbedeutend mit Ruhe. Lediglich Kohl, Lauch und einigen Salaten kann der Frost nichts anhaben. Auf den anderen Beeten ist es jetzt an der Zeit, Dünger auszubringen, damit sie auf die kommende Saison vorbereitet sind.

Grundlagen
Aussaat im Freibeet S. 12
Vorgezogene Pflanzen setzen S. 20
Schutzmaßnahmen S. 26
Wässern S. 24
Porträts
Feldsalat S. 100
Gemüsekohl S. 82
Lauch S. 77
Glossar
Anhäufeln S. 104
Frostschutz S. 106
Kompost S. 107
Mulch S. 108

Welche Gemüse?

① Feldsalat (*Valerianella locusta*), 100–200 Pflanzen 'Coquille de Louvriers', die ausgesprochen frostunempfindlich sind.
② Kohl (*Brassica oleracea* var. *sabauda*), 30–50 Pflanzen 'Gros des Vertus', die große Köpfe mit krausen Blättern und köstlichem Geschmack hervorbringen.
③ Lauch (*Allium porrum*), 50–100 Pflanzen der Sorte 'Bleu de Solaise', die im Frühjahr gesetzt werden, damit man sie im Winter ernten kann.

Wie wird's gemacht?

1. Säen Sie den Feldsalat auf festerem Boden aus. Harken Sie lediglich die Oberfläche glatt, und klopfen Sie sie dann mit einer Schaufel an. Säen Sie durch Auswerfen, und klopfen Sie den Boden dann noch einmal mit der Schaufel fest. Feldsalat verträgt keine Wärme, bleibt aber von normalem Frost völlig unbeeindruckt. Erst bei sehr starkem Frost sollten Sie ihn, vor allem nachts, mit Winterfolie abdecken.

2. Setzen Sie die Kohlpflanzen in tiefgründig aufgelockerte Erde. Verwenden Sie ausschließlich Setzlinge mit vielen kleinen Wurzeln, die Sie mit einer handelsüblichen Nährlösung vorbehandelt haben. Halten Sie anschließend den Boden feucht, denn Kohl mag es auch im Winter nicht trocken. Ernten Sie bei Bedarf.
3. Häufeln Sie den Lauch, der normalerweise ziemlich bitter ist, etwas an. Dies sorgt dafür, dass die Pflanze mehr genießbare Blätter austreibt. Wenn Sie gemulcht haben, kann das Anhäufeln entfallen.

Und dann?

Decken Sie die letzten leeren Beete mit Kompost oder Stroh ab, und verfahren Sie ebenso mit den Winterbeeten, sobald sie abgeerntet sind. Auf diese Weise ist der Boden im Frühjahr durch die winterlichen Niederschläge nicht verdichtet oder vom Wind ausgetrocknet, sodass Sie sich das Auflockern und Umgraben ersparen.

Gut zu wissen

Durch Auswahl verschiedener Kohlsorten können Sie zu jedem Zeitpunkt des Jahres ernten.
Im Winter kann gefrorener Boden das Ernten erschweren. Dies lässt sich dadurch verhindern, dass der Boden mit einer 8–10 cm hohen Schicht Flachsschrot oder Hanfbruch abgedeckt wird. Die sorgt dafür, dass der Boden nicht durchfriert, was bei schwerem Frost sogar die Wurzeln der Pflanzen schädigen kann.

Porträts

Schmackhaftes Gemüse für Ihren Garten

der 50 einfachsten Gemüsepflanzen

Allium ascalonicum **Schalotte**

Schalotten lohnen immer, auch wenn sie vergleichsweise selten in großem Stil kultiviert werden. Viele Gärtner und Feinschmecker wissen allerdings nicht, was ihnen entgeht, denn man kann sie zu Austern ebenso essen wie zu Butterbrot.

Empfohlene Sorten

'Jermor' ist eine neuere Sorte von guter Qualität. Ebenso zu empfehlen sind aber auch die ältere 'Cuisse de Poulet' oder die „Graue Schalotte", die am stärksten duftet.

Wie wird's gemacht?

Die Erde muss locker sein. Ist sie sehr feucht, legen Sie angehäufelte Reihen an. Drücken Sie die Setzzwiebeln einfach alle 15 cm in den Boden, sodass die Spitzen bedeckt sind. Nicht wässern und nicht mulchen.

Und dann?

Mit zunehmendem Wachstum muss die Erde nach und nach zur Seite gefegt werden, damit die Zwiebeln an die Luft kommen. Wenn das Laub zu vertrocknen beginnt, kann geerntet werden. Schneiden Sie die Blätter 1 cm über der Zwiebel ab; die Aufbewahrung erfolgt in einer einzelnen Lage.

Gut zu wissen

Kaufen Sie nur Setzzwiebeln, die als frei von Viren gekennzeichnet sind (ein entsprechendes Gütesiegel sollte sich auf der Verpackung befinden). Setzen Sie die Graue Schalotte zwischen Oktober und Januar, die übrigen erst im Frühjahr.

Gute Nachbarn – schlechte Nachbarn

Wie der Knoblauch mag die Schalotte keine Pflanzen aus der Familie Fabaceae (Erbsen, Bohnen etc.) in der Nähe.

PFLANZZEIT					
J	F	M	A	M	J
J	A	S	O	N	D

25 Setzlinge

locker und gut durchlässig

5 Monate

Allium cepa **Küchenzwiebel**

Kochen ohne Zwiebeln ist kaum vorstellbar, und dies gilt eigentlich auch für den Gemüsegarten, nicht zuletzt, weil Zwiebelpflanzen den Garten zusätzlich mit ihren hübschen Blütenständen verschönen.

Empfohlene Sorten

Für eine Aussaat im Frühjahr ist 'Paille des Vertus' eine narrensichere Wahl, ebenso wie 'Rouge Long de Florence', die sich wegen ihres zarten Geschmacks besonders für Rohkostsalate anbietet. 'Flash' wird im Herbst gepflanzt.

Wie wird's gemacht?

Sie können aussäen, aber einfacher ist es, die Setzzwiebeln im Februar/März in den lockeren Boden zu stecken, sodass die Spitzen noch herausschauen. Wenn der Boden nicht zügig abtrocknet, sollten angehäufelte Reihen angelegt werden.

Und dann?

Ernten Sie, wenn das Laub vergilbt. Heben Sie die Zwiebeln dazu mit der Forke aus. Wenn Sie sie für den Winter aufbewahren wollen, lassen Sie sie für 2–3 Tage auf dem Boden liegen, bevor Sie sie in Kisten vor Licht geschützt verstauen.

Gut zu wissen

Zum Mulchen sind Kakaobohnenschalen besonders geeignet, denn sie fördern das Wachstum der Zwiebeln. Sparen Sie jedoch einen 10 cm weiten Ring um jede Pflanze aus, damit die Zwiebeln ausreichend Sonne für ihre Entwicklung bekommen.

Gute Nachbarn – schlechte Nachbarn

Die Zwiebel mag keine Nachbarn aus der Familie der Fabaceae.

PFLANZZEIT					
J	F	M	A	M	J
J	A	S	O	N	D

50 Setzzwiebeln

locker und gut durchlässig

5–6 Monate

Allium porrum **Lauch**

Mit Salatsoße oder Sauercreme – Lauch passt fast immer. Und er ist ganz einfach zu kultivieren.

AUSSAAT					
J	F	M	A	M	J
J	A	S	O	N	D

1/2 Tüte Samen

locker, fett und feucht

5 Monate

Empfohlene Sorten

'Maxim', 'Parton' und 'Carlton' sind schnell wachsende Sorten. Sie werden vor dem Winter geerntet. 'Bleu des Solaise' und 'D'hiver de St. Victor' sind für die Winterernte gezüchtet.

Wie wird's gemacht?

Säen Sie im April/Mai in 2 cm tiefen Furchen aus (2 Körner alle 3 cm). Anschließend wird abgedeckt, angedrückt und angegossen. Pflanzen Sie 2 Monate später um, wenn der Lauch etwa die Dicke eines Bleistifts hat. Heben Sie die Pflanzen dazu mit einer Forke aus, und stutzen Sie die Wurzeln auf 1 cm und die Blätter auf 3 cm Länge über den weißen Teilen. Legen Sie dann mit einem Pflanzholz alle 20 cm Pflanzlöcher an, und stecken Sie die Pflanzen bis zum weißen Teil hinein; danach Auffüllen, Andrücken, Wässern, fertig.

Und dann?

Mulchen Sie den Boden, damit er feucht bleibt und die Ernte im Winter leichter ist. Zum Ernten einfach ausziehen.

Gut zu wissen

Die Aussaat kann man sich mit Saatstreifen aus Papier erheblich vereinfachen. Rollen Sie diese einfach in den Furchen aus, dann angießen und mit feiner Erde abdecken.

Gute Nachbarn – schlechte Nachbarn

Günstig sind Möhren, denn der Lauch hält die schädliche Karottenfliege fern.

Allium sativum **Knoblauch**

Knoblauch ist aus der Küche kaum wegzudenken, nicht zuletzt, weil er sehr gesund ist.

PFLANZZEIT					
J	F	M	A	M	J
J	A	S	O	N	D

30 Zehen

locker, kühl und gut durchlässig

4–5 Monate

Empfohlene Sorten

Probieren Sie mal farbige Sorten, z.B. 'Violet de Cadours', 'Fructidor', 'Rose d'Auvergne' oder 'Printador'.

Wie wird's gemacht?

Pflanzen Sie die Zehen im Februar/März mit der Spitze nach oben 3 cm tief und in Abständen von 10 cm in lockere Erde. Halten Sie Abstände von 20 cm zwischen den Reihen. Bei schwerer Erde müssen die Reihen angehäufelt und die Zehen dann entlang des Kammes gesetzt werden. Wässern Sie bei trockenem Wetter. Machen Sie im Juni einen Knoten in die Blätter, damit sich der Saft in den Knollen konzentriert. Ernten Sie im Sommer, wenn das Laub vergilbt. Heben Sie die Pflanzen dazu mit der Forke an, und ziehen Sie sie aus. Lassen Sie sie danach 2–3 Tage zum Trocknen auf dem Boden liegen.

Und dann?

Die Lagerung der Knollen erfolgt in einzelnen Lagen in Körben an einem kühlen, trockenen, luftigen Ort. Auf dem frei gewordenen Beet können nun Tomaten, Kürbisse oder Auberginen angepflanzt werden.

Gut zu wissen

Verwenden Sie nur garantiert von Krankheiten und Viren freies Saatgut mit dem entsprechenden Gütesiegel.

Gute Nachbarn – schlechte Nachbarn

Knoblauch verträgt sich nicht mit Erbsen, Bohnen und ihren Verwandten, wohl aber mit Blattsalat und Tomaten.

Allium schoenoprasum Schnittlauch

Für Schnittlauch gibt es in der Küche zahllose Verwendungsmöglichkeiten, die vom Würzen von Eiergerichten, einschließlich Omeletts, bis hin zum Verfeinern von weißen Käsesorten und Rohkostsalaten reichen.

PFLANZZEIT					
J	F	M	A	M	J
J	A	S	O	N	D

1–2 Setzlinge

feucht und fett

2 Monate

Empfohlene Sorten

Es gibt zahlreiche Sorten, darunter auch eine namens 'Staro', die besonders hochwüchsig und daher ergiebiger ist.

Wie wird's gemacht?

Benutzen Sie Setzlinge oder eine geteilte Pflanze von einem Nachbarn. Wählen Sie einen vollsonnigen Standort, und wässern Sie, wenn die Pflanzen schlaff wirken.

Und dann?

Sie können schon einen Monat nach dem Setzen mit dem Ernten beginnen, es empfiehlt sich aber zu warten, bis die Pflanzen gut angewachsen sind. Die Blätter werden bei Bedarf 1 cm über dem Boden geschnitten. Es handelt sich um eine Staude, die 3 Jahre an Ort und Stelle bleiben kann und keine anderen Pflegemaßnahmen als das gelegentliche Ernten erfordert.

Gut zu wissen

Wenn das Wachstum den Bedarf übersteigt, sollten jeden Monat die Hälfte der Blätter abgeschnitten werden, damit neue, zarte ausgetrieben werden.

Gute Nachbarn – schlechte Nachbarn

Schnittlauch stört das Wachstum von Fabaceen wie Erbsen oder Bohnen.

Anethum graveolens Dill

Mit Dillblättern kann man Salate, Hammelfleischgerichte, Suppen, Fischsoßen und vieles mehr verfeinern. Die einjährige Pflanze muss jedes Jahr neu ausgesät werden.

AUSSAAT					
J	F	M	A	M	J
J	A	S	O	N	D

3 Samenkörner für eine Pflanze

locker und sehr gut durchlässig

2 Monate

Empfohlene Sorten

Es gibt nur wenige Sorten. Zwei davon sind die aromatische Sorte 'Dukat' und die robuste 'Goldkrone'.

Wie wird's gemacht?

Im April im Frühbeet je 3 – 5 Samenkörner in Torftöpfchen mit einer ganz dünnen Erdschicht darüber aussäen. Nach dem letzten Frost, wenn 4 – 5 Blättchen vorhanden sind, mitsamt der Töpfchen auspflanzen und gut angießen.

Und dann?

Ernten Sie die Blätter je nach Bedarf, und fügen Sie sie dem Gericht erst direkt vor dem Servieren hinzu.

Gut zu wissen

Die Blätter lassen sich gut trocknen, auch wenn dabei etwas Aroma verloren geht. Legen Sie die Blätter nach dem Pflücken an einer schattigen Stelle aus, und bewahren Sie die trockenen Pflanzenteile in gut schließenden Glasgefäßen vor Licht geschützt auf.

Gute Nachbarn – schlechte Nachbarn

Blühender Dill behindert das Wachstum von Möhren so stark, dass sich die Ernte manchmal halbiert. Von Kohl hält er dagegen Schädlinge fern und begünstigt so dessen Entwicklung. Die Blüten ziehen Bienen an, die als Bestäuberinsekten für viele Gemüsepflanzen von großer Bedeutung sind.

Apium graveolens var. *dulce* **Bleichsellerie**

Die Kultur erfordert etwas Aufwand, aber die Stängel sind mit Sahnesoße zu hellem Fleisch auch ein königlicher Genuss. Versuchen Sie es erst einmal mit 2 oder 3 Pflanzen.

Empfohlene Sorten

Eine bekannte Sorte ist 'D'Elne', aber 'Giant Red' mit roten Stängeln und 'Granada' mit dunkelgrünen Blättern sind ebenfalls zu empfehlen.

Wie wird's gemacht?

Die Aussaat ist einfach, aber man muss mehrmals umpflanzen. Sie können das Vermeiden, wenn Sie stattdessen vorgezogene Setzlinge in der Gärtnerei kaufen. Pflanzen Sie diese im April/Mai, wenn sich der Boden bereits erwärmt hat, in 15 cm tiefe Pflanzlöcher in mit Kompost vermischte Erde. Der Boden muss bis zur Ernte sehr feucht gehalten werden.

Und dann?

Anfang August wird die Pflanze in schwarze Plastikfolie verpackt, damit sie weiß wird. Nehmen Sie die Verpackung 2 – 3 Wochen später zum Ernten der Stängel wieder ab, und verwenden Sie diese sofort.

Gut zu wissen

Einige Sorten wie 'Plein Blanc' und 'Géant doré Améliore' müssen nicht mehr gebleicht werden, behalten ihren Mineralstoffgehalt aber trotzdem. Das sehr kalorienarme Gemüse ist gut für die Verdauung.

Gute Nachbarn – schlechte Nachbarn

Sellerie kommt mit vielen anderen Gemüsen und ganz besonders mit Tomaten gut aus.

PFLANZZEIT					
J	F	M	A	M	J
J	A	S	O	N	D

5 Setzlinge

locker, feucht und humusreich

3 – 4 Monate

Apium graveolens var. *rapaceum* **Knollensellerie**

Im Gegensatz zu seinem blassen Verwandten isst man hier die Knolle, der aphrodisische Eigenschaften nachgesagt werden, in Aufläufen oder als Beilage zu Ragouts.

Empfohlene Sorten

'Monarch' macht eine schöne runde Knolle, die einfach zu schälen ist; wer besonders große Pflanzen sucht, ist mit 'Riese von Prag' und 'Géant des Maraîchers' gut beraten.

Wie wird's gemacht?

Kultiviert wird der Knollensellerie ähnlich wie der Bleichsellerie. Kaufen Sie dazu vorgezogene Setzlinge, pflanzen Sie diese im April/Mai, wenn sich der Boden erwärmt hat, in 15 cm tiefe Pflanzlöcher in mit Kompost untermischte Erde. Der Boden muss bis zur Ernte sehr feucht gehalten werden.

Und dann?

Ab Anfang September kann man die Knollen zum sofortigen Verzehr verwenden. Die letzten Exemplare, die im Oktober oder manchmal auch noch November geerntet werden, sollten einen Tag auf dem Boden liegen, bevor man sie als Wintervorrat im Keller einlagert.

Gut zu wissen

Schneiden Sie beim Pflanzen die untersten 2 cm der Knolle ab; hierdurch wird eine besonders große Wurzelknolle gebildet. Knollensellerie gedeiht besonders gut, wenn man ihn auf einem Beet anpflanzt, auf dem zuvor Gründünger wuchs, der viel Kalium in den Boden eingebracht hat.

Gute Nachbarn – schlechte Nachbarn

Knollensellerie kommt mit allen anderen Gemüsen gut aus.

PFLANZZEIT					
J	F	M	A	M	J
J	A	S	O	N	D

1 – 2 Setzlinge

locker, feucht, humusreich

5 – 6 Monate

Artemisia dracunculus **Estragon**

Estragon kommt mit kühlen wie auch warmen Standorten zurecht, sollte aber abseits anderer Gewürzpflanzen stehen, da sein Aroma leicht alles andere überlagert.

PFLANZZEIT					
J	F	M	A	M	J
J	A	S	O	N	D

1–2 Setzlinge

licht und sehr gut durchlässig

1,5 Monate

Empfohlene Sorten

„Russischer Estragon" gilt als besonders widerstandsfähig und bietet sich daher für Gebiete mit häufigen Frühjahrs- und Herbstfrösten an. Er ist allerdings nicht sehr aromatisch.

Wie wird's gemacht?

Belasten Sie sich nicht mit dem Aussäen, sondern kaufen Sie gleich fertige Setzlinge. Heben Sie ein großes Pflanzloch an einer sonnigen Stelle aus, das mit einer Schicht Kies auf dem Boden ausgestattet wird, damit Wasser schnell versickern kann. Anschließend pflanzen, zuschütten, andrücken und angießen.

Und dann?

Ernten Sie die jungen Blätter für Rohkostsalate und die jungen Stängel für Soßen und Marinaden.

Gut zu wissen

Estragon verträgt keinen Frost. Wenn sich die kalte Jahreszeit nähert, schneidet man den Busch bis auf wenige Zentimeter über dem Boden herunter und deckt ihn mit gut durchgetrockneten Farnwedeln oder Laub ab. Letzteres sollte dazu auf einem Gitterrost liegen, denn eine fehlende Luftzufuhr lässt die Pflanze absterben. Mit dem Einsetzen wärmeren Wetters muss die Abdeckung wieder entfernt werden.

Gute Nachbarn – schlechte Nachbarn

Estragon verträgt sich mit allem Gemüse.

Asparagus officinalis **Spargel**

Der Spargel ist eine sehr widerstandsfähige Pflanze, der weder Frost noch Trockenheit etwas ausmachen. Allerdings muss man bis zum Verzehr der ersten Stangen geduldig sein. Doch das Warten lohnt sich!

PFLANZZEIT					
J	F	M	A	M	J
J	A	S	O	N	D

2 Setzlinge

locker, sandig und humusreich

3 Jahre

Empfohlene Sorten

'D'Argenteuil hatîve' wird am häufigsten angeboten, aber auch die schnell reifende 'Fileas' ist zu empfehlen. Wer Grünspargel mag, wird sich für 'Mary Washington' interessieren, eine zumeist nur als Saatgut erhältliche Sorte.

Wie wird's gemacht?

Setzen Sie die Jungpflanzen im März in 25 cm tiefe Pflanzlöcher auf eine 5 cm dicke Schicht Kompost. Nach dem Zudecken mit Erde heißt es warten. Während der nächsten 2 Jahre muss man gegen Ende Oktober lediglich die vertrockneten Stängel abschneiden.

Und dann?

Im März des dritten Jahres – und von da an jedes Jahr – werden über jeder Pflanze 30 cm hohe Erdhaufen aufgeschüttet. Die erste Ernte erfolgt dann zwischen April und Juni. Im Oktober werden die Erdhaufen wieder entfernt und das vertrocknete Laub abgeschnitten. Die Stangen werden mit einem speziellen Spargelstecher unterirdisch abgetrennt, wenn die Spitze an der Erdoberfläche erscheint.

Gute Nachbarn – schlechte Nachbarn

Spargel kann ohne Weiteres neben Zwiebeln, Knoblauch, Schalotten oder auch Tomaten stehen.

Beta vulgaris ssp. *vulgaris* var *conditiva* **Rote Bete**

Mit ihrem geringen Nährstoffgehalt eignet sich diese Pflanze gut für Schlankheitskuren; daneben enthält sie auch Inhaltsstoffe, die bei der Behandlung von Blutarmut helfen sollen.

Empfohlene Sorten

'Rouge Noire Plate d'Égypte' ist eine schnell reifende Sorte mit kurzer Knolle; 'Rouge Crapaudine' hat eine lange Knolle aus rotem, süßlichem Fleisch.

Wie wird's gemacht?

Warten Sie mit der Aussaat, bis nicht mehr mit Frost zu rechnen ist; wenn Jungpflanzen Frost abbekommen, bilden sie keine Knollen. Säen Sie gleich im Beet aus, ein Samenkorn alle 5 cm. Lichten Sie auf 20 cm aus, wenn die Pflänzchen 5 cm hoch geworden sind. Halten Sie den Boden durch regelmäßiges Wässern und Mulchen feucht. Ist der Boden zu trocken, kann man die Rote Bete nicht essen.

Und dann?

Ab August kann bis zum ersten Frost bei Bedarf geerntet werden. Suchen Sie Rüben von mindestens 10 cm Durchmesser aus. Heben Sie sie mit der Forke aus, und lassen Sie sie dann einen Tag lang auf dem Boden liegend abtrocknen. Schneiden Sie erst dann die Blätter und Wurzeln ab.

Gut zu wissen

Man kann Rote Bete, ähnlich wie Sellerie, in Streifen geschnitten roh mit Dip essen.

Gute Nachbarn – schlechte Nachbarn

Rote Bete wächst schlecht in der Nachbarschaft von Bohnen.

AUSSAAT					
J	F	M	A	M	J
J	A	S	O	N	D

1/2 Tüte Samen für 20 Pflanzen

sandig und humusreich

3,5 Monate

Beta vulgaris ssp. *vulgaris* var. *vulgaris* **Mangold**

Mangold bildet keine großen Wurzelknollen, sondern lange Blätter mit einer dicken Mittelrippe, die man roh oder wie Spinat zubereitet essen kann.

Empfohlene Sorten

Wählen Sie nach den Ihnen zusagenden Farben aus: 'Rhubarb Chard' mit roter Blattspreite oder 'Blonde à cardes blanches' mit weißer und 'Bright Yellow' mit gelber. Im Abendlicht sehen die stattlichen Pflanzen besonders schön aus.

Wie wird's gemacht?

Lockern Sie die Erde auf, bevor Sie eine etwa 3 cm tiefe Saatfurche ziehen. Legen Sie alle 30 cm 4 Samen zusammen aus, schließen Sie die Furche, und gießen Sie an. Wenn die Pflänzchen 4 Blätter haben, werden die jeweils 3 schwächsten verworfen, sodass die stärkste ungehindert weiterwachsen kann.

Und dann?

Mulchen Sie den Boden um die Pflanzen, damit er feucht und kühl bleibt. Mit einem Tropfschlauch lässt sich das Wässern erheblich vereinfachen.

Gut zu wissen

Man unterscheidet zwischen Rippen- und Blattmangold, je nachdem, welche Teile verzehrt werden. Die nah verwandte Futterrübe wird als Viehfutter auf Feldern kultiviert

Gute Nachbarn – schlechte Nachbarn

Mangold verträgt sich mit allen anderen Gemüsearten. So kann man dazwischen Radieschen pflanzen, die auf diese Weise beschattet werden und besonders saftig bleiben.

AUSSAAT					
J	F	M	A	M	J
J	A	S	O	N	D

10 x 4 Samen für 10 Pflanzen

tief und frisch

2,5 Monate

Brassica oleracea **Gemüsekohl**

Man unterscheidet zwei Gruppen: Den glattblättrigen Weiß-/Rotkohl, den man roh oder gekocht essen kann, und den krausblättrigen Wirsingkohl, der erst gekocht seinen angenehmen Geschmack entfaltet.

Empfohlene Sorten

Von den Weißkohlsorten (var. *capitata*), die zuerst geerntet werden, macht 'Quintal d'Alsace' besonders große Köpfe; 'Tête de Nègre' ist ein Rotkohl mit kräftigem Geschmack. Beim Wirsingkohl (var. *sabauda*) wird die Sorte 'Gros de Vertus' sicherlich nicht enttäuschen.

Wie wird's gemacht?

Säen Sie im Frühbeet vor; ein Same alle 3 cm (viel gießen). Einen Monat später wird ausgelichtet, sodass nur noch alle 15 cm eine Pflanze übrig bleibt. Wenn diese dann 4 Blätter haben, werden sie in das Beet ausgepflanzt, wobei die untersten 2 Blätter 2 cm tief in die Erde kommen. Halten Sie einen Pflanzabstand von 45 cm um jede Pflanze herum ein.

Und dann?

Ab Anfang August kann je nach Bedarf geerntet werden.

Gut zu wissen

Wenn Sie den Zeitpunkt zur Aussaat versäumt haben, können Sie auf Setzlinge aus der Gärtnerei zurückgreifen.

Gute Nachbarn – schlechte Nachbarn

Erdbeeren in direkter Nachbarschaft sind weniger gut, Gewürzpflanzen dafür umso besser.

AUSSAAT					
J	F	M	A	M	J
J	A	S	O	N	D

eine Tüte Samen für 20 Pflanzen

frisch und gut durchlässig

4 Monate

Brassica oleracea var. *botrytis* **Blumenkohl**

Von diesem Kohl, der in manchen Gebieten in großem Stil angebaut wird, isst man die Blüte. Blumenkohl ist eher anspruchsvoll und verlangt einen nährstoffreichen Boden und häufiges Wässern.

Empfohlene Sorten

'Merveille de toutes saisons' ist besonders einfach zu kultivieren; 'White Magic' bringt sehr große Köpfe hervor, und 'Hâtif d'Angers' ist eine Sorte für die Aussaat im August.

Wie wird's gemacht?

Säen Sie im Frühbeet vor (ein Same alle 3 – 5 cm), und gießen Sie reichlich. Einen Monat später wird ausgelichtet, sodass nur noch alle 15 cm eine Pflanze übrig bleibt. Wenn diese dann 4 oder 5 Blätter haben, werden sie mit der Pflanzschaufel ausgehoben und mit einem konischen Pflanzholz in das Beet ausgepflanzt, wobei die untersten Blätter über dem Boden bleiben. Halten Sie einen Pflanzabstand von 60 cm um jede Pflanze ein.

Und dann?

Mulchen, damit die Erde stets feucht bleibt. Die Ernte ist ab Anfang August möglich.

Gut zu wissen

An klimatisch günstigen Standorten ist eine Aussaat im August/September für eine Ernte im März/ April möglich.

Gute Nachbarn – schlechte Nachbarn

Erdbeeren in direkter Nachbarschaft werden nicht gut vertragen, wohl aber Gewürzpflanzen, die bestimmte Schädlinge fernhalten.

AUSSAAT					
J	F	M	A	M	J
J	A	S	O	N	D

20 Samen für 8 Pflanzen

tief, frisch und vor allem kalkhaltig

5 Monate

Brassica oleracea var. *gemmifera* **Rosenkohl**

Die Herkunft dieses Kohls ist nach wie vor nicht sicher. Die 3–4 cm großen Knospen bilden sich entlang des Stiels und schmecken ausgezeichnet zu Schmorbraten.

Empfohlene Sorten

'Rubine' ist insofern ungewöhnlich, als ihre kleinen „Rosen" rot sind. Besonders schmackhaft sind 'Prince Marvel' und 'Warrior', wobei Letztere unempfindlich gegen Frost ist, sodass sie sich für Gegenden mit frühen Kälteeinbrüchen anbietet.

Wie wird's gemacht?

Säen Sie im Frühbeet vor; ein Samen alle 3 cm. 2–3 Wochen später wird ausgelichtet, sodass nur noch alle 10 cm eine Pflanze übrig bleibt. Wenn die Jungpflanzen 4 Blätter haben, werden sie in Abständen von 60 cm ausgepflanzt.

Und dann?

Die Ernte kann beginnen, wenn die untersten Blätter vergilben, was gewöhnlich im Oktober der Fall ist. Schneiden Sie dazu die Knospen einzeln ab, wobei Sie solchen von 2–3 cm Durchmesser den Vorzug geben. Sie schmecken innerhalb der ersten 12 Stunden nach dem Abnehmen am besten.

Gut zu wissen

In Gebieten mit sehr milden Wintern kann Rosenkohl schon Anfang September für eine Ernte im März/April ausgesät werden.

Gute Nachbarn – schlechte Nachbarn

Auch dieser Kohl mag keine Erdbeeren als Nachbarn.

AUSSAAT

J	F	M	A	M	J
J	A	S	O	N	D

20 Samen für 8 Pflanzen

tief, nährstoffreich und frisch

mindestens 5,5 Monate

Brassica oleracea var. *gongylodes* **Kohlrabi**

Das Aussehen dieser Pflanzen mit ihrem skurril verdickten Spross direkt über dem Boden ist sicherlich etwas ungewöhnlich, ebenso wie der Geschmack. Kohlrabi darf nicht mit Vertretern der Gattung *Beta* verwechselt werden, deren Knolle sich unter der Erde bildet und die ganz anders schmeckt.

Empfohlene Sorten

'Blanc Hâtif de Vienne' und 'Folio' sind die am frühsten reifenden Sorten. Wer große Pflanzen ziehen möchte, ist mit 'Superschmelz' gut beraten, deren Sprossknolle mehr als 10 kg wiegen kann und die trotzdem zartes Fleisch hat.

Wie wird's gemacht?

Säen Sie direkt im Beet in eine 5 cm tiefe Furche aus, in die alle 3 cm ein Samenkorn kommt. Mit Kompost abdecken und reichlich wässern. Nach 6 Wochen kann auf 20 cm Abstand ausgelichtet werden. Mulchen, damit der Boden feucht bleibt.

Und dann?

Die Erntezeit beginnt gegen Ende Juni, wenn die Knollen 6–8 cm Durchmesser erreicht haben; davor sind sie faserig und

ungenießbar. Die Pflanzen werden bei Bedarf einfach ausgerissen. Kohlrabi kann den Winter über in trockenem Sand gelagert oder auch eingefroren werden.

Gute Nachbarn – schlechte Nachbarn

Wie alle anderen Kohlsorten mag auch der Kohlrabi keine Erdbeeren in direkter Nähe, zusätzlich aber auch keine Tomaten und keine Bohnen.

AUSSAAT

J	F	M	A	M	J
J	A	S	O	N	D

eine Tüte Samen für etwa 20 Pflanzen

frisch und tief

3–4 Monate

Brassica rapa **Herbstrübe**

Diese Kohlpflanzen sind immer seltener in Gemüsegärten zu finden. Das ist allerdings ein echter Verlust, denn sie bringen eine ganz eigene Geschmacksrichtung in die Küche.

Empfohlene Sorten

'Market Express' und 'Petrowski' sind etwas für den eiligen Gärtner, denn sie sind schon nach 5 – 6 Wochen erntereif; 'Petrowski' ist dabei besonders aromatisch. 'Rouge plat hâtif à feuilles entières' ist eine sichere Wahl.

Wie wird's gemacht?

Mischen Sie die Samen mit trockenem Sand, und säen Sie in einer ganz flachen Furche so aus. Schließen Sie die Furche mit gesiebter Erde und wässern Sie mit einem feinen Brauseaufsatz. Wenn die Pflänzchen 4 Blätter haben, werden sie auf 12 cm Abstände ausgelichtet.

Und dann?

Mulchen Sie den umliegenden Boden, damit er feucht und unkrautfrei bleibt. Ernten Sie die Herbstrüben bei Bedarf, indem Sie die Pflanze am Ansatz der Blätter greifen. Dazu sollten die Sprossknollen einen Durchmesser von 3 – 5 cm haben.

Gut zu wissen

Die Herbst- oder Teltower Rübe ist anfällig für eine ganze Reihe von Schädlingen und Krankheiten. Wenn Sie Spritzen generell ablehnen, ist dieses Gemüse keine gute Wahl.

Gute Nachbarn – schlechte Nachbarn

Herbstrüben tolerieren jedes andere Gemüse als Nachbarn. Erbsen scheinen sogar wachstumsfördernd zu sein.

AUSSAAT

J	F	M	A	M	J
J	A	S	O	N	D

1/2 Tüte Samen auf 2 m für 15 Pflanzen

leicht und frisch

2 – 3 Monate

Capsicum annuum **Paprika**

Außer in klimatisch sehr begünstigten Gebieten wird man kaum Paprikaschoten von der Größe der im Geschäft angebotenen hervorbringen. Trotzdem lohnt sich der Anbau.

Empfohlene Sorten

'Doux Long des Landes' entwickelt sich sehr schnell und ist besonders für Gebiete mit kurzen Sommern geeignet; 'Ariane' bildet orangefarbene Früchte; 'Petit Marseillais' ist gegrillt eine ausgezeichnete Vorspeise.

Wie wird's gemacht?

Wärme ist der Schlüsselfaktor für das Gedeihen dieser Pflanze. Die Aussaat erfolgt im März in Torftöpfchen im beheizten Frühbeet. Die Setzlinge können in den Garten, wenn keine Gefahr für Frost mehr besteht und sich der Boden gut erwärmt hat.

Und dann?

Wenn die Stängel 20 cm Länge erreicht haben, werden sie auf 10 cm zurückgeschnitten, damit sie neue Verzweigungen bilden. Binden Sie sie an einer Stütze hoch, und decken Sie den Boden mit Kakaobohnenschalen ab. Ernten Sie bei Bedarf.

Gut zu wissen

Peperoni und Paprika passen ganz ausgezeichnet zueinander, denn Erstere sind beißend scharf, während die großen Paprikaschoten ganz mild sind.

Gute Nachbarn – schlechte Nachbarn

Paprikapflanzen vertragen sich gut mit allen anderen Gemüsen, besonders aber mit solchen aus der gleichen Familie wie Tomaten und Auberginen, aber z. B. auch mit Basilikum.

AUSSAAT

J	F	M	A	M	J
J	A	S	O	N	D

20 Samen für 6 Pflanzen

tief, fett und frisch

5 Monate

Cichorium endivia **Endivie**

Endivien eignen sich für knackige, zartbittere Salate, aber auch zum Kochen, Braten und Backen. Die Art ist eng mit Wegwarte und mit Chicorée verwandt.

AUSSAAT					
J	F	M	A	M	J
J	A	S	O	N	D

1/2 Tüte Samen auf 2 m Länge alle 3 Wochen

locker, tief und frisch

3–4 Monate

Empfohlene Sorten

Von den glattblättrigen Sorten ist 'Extra Fine de Louviers' besonders zart. 'Wallone' und 'de Ruffec' sind kälteunempfindlicher und bieten sich für Herbstanpflanzungen an. Bei den krausblättrigen Sorten wird Sie 'Géante Maraîchère' sicherlich nicht enttäuschen. 'Cornet d'Anjou' ist eine ausgezeichnete Wahl für den Herbst an klimatisch milden Standorten.

Wie wird's gemacht?

Säen Sie ab Ende Mai direkt im Beet aus. Warten Sie, bis der Boden sich richtig erwärmt hat, da die Samen sonst nicht keimen. Lichten Sie 3 Wochen später aus, sodass nur alle 30 cm eine Pflanze stehen bleibt.

Und dann?

Wässern Sie regelmäßig, damit die Pflanzen nicht zu bitter werden. Bei anhaltender Trockenheit muss der Boden gemulcht werden. Ab Ende August kann geerntet werden.

Gut zu wissen

Die Blätter verlieren ihre Bitterkeit durch Ausbleichen. Stülpen Sie dazu einfach einen großen Blumentopf über die Pflanze, wenn sie 20 cm im Durchmesser erreicht hat, und ernten Sie eine Woche später.

Gute Nachbarn – schlechte Nachbarn

Endivien tolerieren alle anderen Gemüsepflanzen als Nachbarn.

Cucumis melo **Melone**

Melonen brauchen Wärme und können daher nur an besonders begünstigten Standorten im Freien angebaut werden; ansonsten benötigt man einen Folientunnel.

AUSSAAT					
J	F	M	A	M	J
J	A	S	O	N	D

30 Samen für 10 Pflanzen

feucht und tief

4–5 Monate

Empfohlene Sorten

'Petit Gris de Rennes', 'Noir des Carmes' und 'Fidji' sind sehr süße Sorten. 'Banana' ist überaus bemerkenswert, denn ihr Geschmack erinnert an den von Ananas!

Wie wird's gemacht?

Lockern Sie die Erde auf, und mischen Sie Kompost unter. Legen Sie in 3 cm tiefe, handgroße Pflanzlöcher in Abständen von 1 m jeweils 3 Samen, füllen Sie mit feiner Erde auf, und gießen Sie an. Wenn die Pflänzchen etwa 5 cm groß sind, lassen Sie jeweils nur die kräftigste stehen.

Und dann?

Im Juli sollten die Melonen auf die Größe von Haselnüssen herangewachsen sein. Kürzen Sie die Ranken dann auf 2 Blätter oberhalb der fünften Frucht ein. Der Reifegrad lässt sich am besten an der Stärke des Geruchs erkennen.

Gut zu wissen

Vergessen Sie das Gerücht, es gäbe männliche und weibliche Melonen. Früchte haben kein Geschlecht!

Gute Nachbarn – schlechte Nachbarn

Melonen schätzen die Gesellschaft anderer Vertreter ihrer Familie, etwa Gurken oder Kürbisse, überhaupt nicht und mögen auch keine Kartoffeln in ihrer Nähe. Eine leichte Abschattung durch eine Reihe Mais behagt ihnen dagegen sehr.

Cucumis sativus **Salatgurke**

Diese wunderschönen Pflanzen mit ihren großen Blättern und gelben Blüten gehören einfach in den Gemüsegarten. Und Gurken lassen sich recht einfach kultivieren, wenn man nur die Erde nicht austrocknen lässt.

AUSSAAT					
J	F	M	A	M	J
J	A	S	O	N	D

9 Samen für 3 Pflanzen

locker, tief, nicht zu feucht

3–4 Monate

Empfohlene Sorten

Ihre Gurken werden viel kleiner und dicker sein als die aus dem Supermarkt, aber dafür viel besser schmecken. 'Marketer' ist immer eine gute Wahl, oder Sie nehmen 'Long vert amélioré'.

Wie wird's gemacht?

Legen Sie Pflanzlöcher von 20 x 20 x 20 cm Größe in Abständen von 60 cm an, und füllen Sie diese mit Kompost. Drücken Sie jeweils 3 Samen 3 cm tief in den Boden, und füllen Sie das Loch mit feiner Erde auf. Wässern Sie reichlich. Wenn die Pflanzen 8 cm Höhe erreicht haben, lichten Sie sie aus, und lassen Sie nur die jeweils stärkste stehen. Mulchen Sie, um die Bodenfeuchte zu erhalten.

Und dann?

Wässern Sie am besten mit einem Tropfschlauch, damit die Blätter nicht nass werden und schimmeln. Ernten Sie ab August bei Bedarf.

Gut zu wissen

Gurken kann man nicht nur roh essen, sondern auch gekocht, geschmort, gefüllt, als Auflauf oder als Suppe.

Gute Nachbarn – schlechte Nachbarn

Gurken mögen keine Tomaten oder Kartoffeln in der Nähe.

Cucumis sativus **Einlegegurke**

Die Ernte ist anstrengend und die Zubereitung ein wenig langwierig. Dennoch rechtfertigt der Genuss charakteristisch duftender, richtig guter Gewürzgurken mit Lorbeer oder Estragon mitten im Winter die Mühe ohne jede Frage.

AUSSAAT					
J	F	M	A	M	J
J	A	S	O	N	D

6 Samen für 2 Pflanzen

locker und tief, aber nicht nass

3–4 Monate

Empfohlene Sorten

Beliebt ist 'Vert Petit de Paris', aber auch die sehr ergiebige, kaum krankheitsanfällige 'Stimora' kann empfohlen werden.

Wie wird's gemacht?

Reichern Sie den Boden mit einem Kaliumdünger an. Legen Sie Pflanzlöcher von 20 x 20 x 20 cm Größe in Abständen von 80 cm an, und füllen Sie diese mit Kompost. Drücken Sie jeweils 3 Samen 3 cm tief in den Boden, und füllen Sie mit feiner Erde auf. Wässern Sie reichlich. Wenn die Pflanzen 8 cm Höhe erreicht haben, lichten Sie sie aus. Mulchen Sie, um die Bodenfeuchte zu erhalten.

Und dann?

Ab August können Sie täglich ernten, wenn die Gurken etwa 5 cm lang geworden sind. Wenn Sie sie weiterwachsen lassen, werden daraus normale Salatgurken.

Gut zu wissen

2 Pflanzen sind ausreichend für etwa 2 Gläser (1 Liter) in Essig eingelegter Gewürzgurken. Putzen Sie sie vorher mit einer Nylonbürste, und legen Sie sie einen Tag lang in grobem Salz ein. Geben Sie sie zusammen mit kleinen weißen Zwiebeln in ein Einmachglas, und füllen Sie dieses mit Essig auf.

Gute Nachbarn – schlechte Nachbarn

Tomaten und Kartoffeln sind keine guten Nachbarn.

Cucurbita maxima **Speisekürbis**

Egal ob man Kürbisse mag oder nur zum Aushöhlen für Halloween verwendet – im herbstlichen Gemüsegarten sehen die großen, orangefarbenen Früchte einfach hübsch aus.

Empfohlene Sorten

'Rouge très Hâtif d'Étampes' eignet sich hervorragend für leicht saure Böden und lässt sich gut einkochen; 'Crown Prince' schmeckt sehr gut, und 'Atlantic Giant' bringt rekordverdächtige Früchte hervor.

Wie wird's gemacht?

Legen Sie Pflanzlöcher von 20 x 20 x 20 cm Größe in Abständen von 1 m an, und füllen Sie diese mit Kompost. Drücken Sie jeweils 3 Samen 2 cm tief in den Boden, und füllen Sie mit Komposterde auf. Wässern Sie reichlich. Wenn die Pflanzen 8 cm Höhe erreicht haben, lichten und mulchen Sie sie mit Kakaobohnenschalen. Wässern Sie regelmäßig, ohne die Blätter zu benässen.

Und dann?

Zwicken Sie alle Triebe bis auf einen oder zwei ab, damit deren Früchte groß werden. Sind diese auf Volleyballgröße herangewachsen, kommen sie auf ein Brett, damit sie nicht verfaulen. Ernten Sie 4 Monate nach dem Auslichten.

AUSSAAT: J F M A M J / J A S O N D

6 Samen für 2 Pflanzen

locker und frisch

5–6 Monate

Gut zu wissen

Bei Kürbiswettbewerben sind Exemplare von 200 kg und mehr keine Seltenheit.

Gute Nachbarn – schlechte Nachbarn

Benachbarte Kartoffeln hemmen das Wachstum.

Cucurbita pepo **Zucchini**

Diese Pflanze lässt sich leicht kultivieren und leidet selten unter Krankheiten. Außerdem liefert sie eine reiche Ernte und blüht dazu auch noch wunderschön.

Empfohlene Sorten

'Gold Rush' ist eine gelbe Sorte; 'Grisette de Provence' und 'Ronde de Nice' werden schnell zu einem Leibgericht, und 'Verte des Maraîchers' passt zu allem.

Wie wird's gemacht?

Legen Sie Pflanzlöcher von 20 x 20 x 20 cm Größe in Abständen von 1 m an, und füllen Sie diese mit Kompost. Drücken Sie jeweils 3 Samen 2 cm tief in den Boden, und füllen Sie mit Komposterde auf. Wässern Sie reichlich. Wenn die Pflanzen 8 cm Höhe erreicht haben, lichten Sie aus, sodass nur die jeweils stärkste stehen bleibt. Mulchen mit Kakaobohnenschalen dient zur Aufrechterhaltung der Bodenfeuchte. Wässern Sie regelmäßig, ohne die Blätter nass zu machen.

Und dann?

Ab Ende Juni kann geerntet werden. Die Zucchini sollten nun eine Länge von 15–20 cm erreicht haben. Größere Exemplare sind weniger schmackhaft und hohl und eignen sich nur noch zum Füllen.

AUSSAAT: J F M A M J / J A S O N D

12 Samen für 4 Pflanzen

locker und frisch

2 Monate

Gut zu wissen

Die Blüten von Zucchinis schmecken gut in Pfannkuchen oder Omeletten.

Gute Nachbarn – schlechte Nachbarn

Auf keinen Fall in die Nähe von Kartoffeln pflanzen!

Daucus carota **Möhre**

Die Möhre gehört zu den drei weltweit am häufigsten angebauten Gemüsen. Sie ist einfach zu kultivieren, sofern der Boden nicht zu hart ist und wenig Steine enthält.

Empfohlene Sorten

Möhre ist nicht gleich Möhre. Besonders schmackhaft sind 'Juwarot', 'Turbo', 'Tango', 'Sprinter' und 'Rothild'.

Wie wird's gemacht?

Säen Sie in einer Furche von etwa 1 cm Tiefe aus. Wenn die Pflänzchen rund 3 cm hoch sind, werden sie so ausgelichtet, dass alle 2 – 3 cm eines stehen bleibt und dann noch einmal auf 7 – 8 cm Abstand, wenn sie die Länge eines kleinen Fingers haben. Damit die Möhren nicht krumm werden, muss der Boden locker sein. Wässern und Mulchen Sie noch, bevor die Erdoberfläche ausgetrocknet ist.

Und dann?

Damit die Möhren beim Ziehen nicht abbrechen, wird der Boden um die Pflanzen mit einer Forke aufgelockert. Denken Sie daran, anschließend wieder Erde um die verbliebenen Pflanzen anzuhäufeln.

Gut zu wissen

Um die Karottenfliege fernzuhalten, deren Larven Gänge in die Möhre fressen, verstreuen Sie nach dem Zuharken Kaffeesatz auf den Saatreihen.

Gute Nachbarn – schlechte Nachbarn

Möhren mögen keinen Dill als Nachbarn. Das Anpflanzen von Zwiebeln, Schalotten oder Lauch hält die Karottenfliege fern.

AUSSAAT					
J	F	M	A	M	J
J	A	S	O	N	D

1 Tüte Samen pro Monat

locker, grob, humusreich

3 Monate

Eruca sativa **Rucola**

Frisch aus dem Gemüsegarten passt Rucola, ein Gemüse für den Liebhaber des kräftigen Geschmacks, bestens zu rotem Fleisch. Man isst ihn aber auch gerne als Salat, wozu man ihn auch mit Blattsalat oder Endivien mischen kann.

Empfohlene Arten

Die Samen der in Mitteleuropa wild wachsenden, nah verwandten Art *Eruca vesicaria* werden als Gewürz verwendet.

Wie wird's gemacht?

Rucola wächst unter optimalen Bedingungen recht schnell. Säen Sie ihn in einer ganz flachen Furche aus, die sorgfältig mit feiner Erde abgedeckt, mit dem Rücken der Harke angedrückt und dann mit der Gießkanne mit einem Brauseaufsatz angegossen wird. Die Erde muss bis zur Ernte stets feucht gehalten werden.

Und dann?

Wenn die Pflänzchen etwa 5 cm hoch sind, wird ausgelichtet, bis nur noch alle 8 – 10 cm eines übrig bleibt. Die jungen Blätter werden bei Bedarf geerntet. Sie haben einen scharfen, leicht nussigen Geschmack.

Gut zu wissen

Lassen Sie die Erde um die Rucolapflanzen nie völlig austrocknen, denn dann wachsen sie schnell in die Höhe, bilden Samen, und die Blätter werden zäh.

Gute Nachbarn – schlechte Nachbarn

Rucola stört keine anderen Gemüsesorten und bevorzugt selbst Pflanzen, die ihm ein wenig Schatten spenden.

AUSSAAT					
J	F	M	A	M	J
J	A	S	O	N	D

1/4 einer Samentüte pro Monat

locker, nährstoffreich und leicht

1,5 Monate

Foeniculum vulgare Knollenfenchel

Jeder kennt den anisartigen Duft von Fenchel, doch nur wenige wissen um seinen Gehalt an Faserstoffen, Vitaminen und dass er eine hübsche Zierpflanze ist, die eine Höhe von 1 m erreichen kann.

Empfohlene Sorten

'Rondo' ist ein ideal bauchiger, wohlschmeckender Knollenfenchel; bei 'Rudy' handelt es sich um eine neuere Sorte, die auch mit kühleren Bedingungen zurechtkommt.

Wie wird's gemacht?

Fenchel ist sehr kälteempfindlich. Stellen Sie bei der Aussaat daher sicher, dass die Gefahr von Frost tatsächlich vorüber ist. Verteilen Sie die Samen in einer 5 cm tiefen Furche, bevor Sie andrücken und wässern. Wenn die Pflänzchen 10 cm groß geworden sind, häufeln Sie 5 cm Erde an.

Und dann?

Wenn die Knolle die Größe einer Faust erreicht hat (schätzen Sie das anhand des herausschauenden Teils ab), häufeln Sie erneut an, damit sie vor Licht geschützt ist. Sie wird dadurch bleich und zart. Geerntet wird 10 – 15 Tage später.

Gut zu wissen

Im Kühlschrank gelagerter Fenchel kann sein Aroma schnell auf alle anderen Lebensmittel übertragen und sollte daher in einem dicht schließenden Behälter aufbewahrt werden.

Gute Nachbarn – schlechte Nachbarn

Fenchel ist ausgesprochen „ungesellig" und toleriert weder Tomaten, Bohnen, Erbsen noch Koriander oder Schalotten. Er muss daher in einer gesonderten Ecke stehen.

AUSSAAT					
J	F	M	A	M	J
J	A	S	O	N	D

25 Samen für 25 Pflanzen

leicht und frisch

4 – 6 Monate

Lactuca sativa var. *crispa* Schnittsalat

Der Schnittsalat heißt so, weil man ihn nicht als kompletten Kopf erntet, sondern je nach Bedarf einzelne Blätter abschneidet, die dann von der Pflanze ersetzt werden.

Empfohlene Sorten

'A couper feuille de chêne', 'Cerbiata' und 'Kristinas' sind bewährte Sorten.

Wie wird's gemacht?

Die Samenkörner sind sehr klein. Man mischt sie daher mit trockenem Sand, damit die Aussaat nicht zu dicht wird. Ziehen Sie eine ganz flache Rinne, und verteilen Sie die Saatmischung mit lockerer Hand. Anschließend wird mit feiner Erde abgedeckt und mit dem Rücken der Harke angedrückt. Wenn die Pflänzchen 8 – 10 cm hoch geworden sind, sollten die schwächsten entfernt werden, sodass Abstände von 20 cm entstehen.

Und dann?

Halten Sie die Erde durch regelmäßiges Wässern stets feucht, und mulchen Sie nach Möglichkeit, z. B. mit Rasenschnitt. Ernten Sie einzelne Blätter je nach Bedarf.

Gut zu wissen

Schneiden Sie die Blätter ein gutes Stück über dem Wurzelhals, also dem Übergang zwischen Blättern und Wurzeln, ab, weil sonst kein neuer Austrieb erfolgt.

Gute Nachbarn – schlechte Nachbarn

Schnittsalat fühlt sich mit Gurken und Kohl wohl, weil diese ihm Schatten spenden. Auch Zwiebeln und Schalotten sagen ihm zu, denn deren Geruch hält Kaninchen fern.

AUSSAAT					
J	F	M	A	M	J
J	A	S	O	N	D

1/4 einer Samentüte auf 2 m jeden Monat

locker und frisch

4 – 5 Monate

Lactuca sativa var. capitata **Kopfsalat**

Knackig, zart, grün, rot, glatt oder kraus – Kopfsalat gibt es für jeden Geschmack. Vor Schnecken wird gewarnt!

AUSSAAT					
J	F	M	A	M	J
J	A	S	O	N	D

1/4 einer Samentüte jeden Monat

locker und frisch

2 Monate

Empfohlene Sorten

'Appia' und 'Nadine' eignen sich für die Aussaat im Frühjahr, 'Barbarossa' und 'Merveille des 4 Saisons' sät man zumeist im Sommer. Unter den Bataviasalaten ist 'Rouge Grenobloise' unübertroffen, und bei den Römersalaten kann 'Pomme en Terre' empfohlen werden. 'Ornella' ist angenehm süßlich.

Wie wird's gemacht?

Die sehr kleinen Samenkörner werden mit trockenem Sand gemischt, in einer ganz flachen Rinne ausgesät und mit feiner Erde abgedeckt. Wenn die Pflänzchen 8 – 10 cm hoch geworden sind, sollten die schwächsten entfernt werden, sodass Abstände von 20 cm entstehen.

Und dann?

Halten Sie die Erde durch regelmäßiges Wässern stets feucht, und mulchen Sie am besten. Geerntet wird durch Abschneiden der gesamten Pflanze direkt über dem Boden, sobald ein schöner Kopf entstanden ist.

Gut zu wissen

Trotz gegenteiliger Meinungen sind Batavia-, Römer- und Eichenblattsalate allesamt Kopfsalate. Wird in etwa 10-tägigem Abstand ausgesät, hat man stets Kopfsalat zur Verfügung.

Gute Nachbarn – schlechte Nachbarn

Kopfsalat ist ein sehr verträglicher Nachbar, vor allem für Radieschen. Er profitiert aber auch von Zwiebeln, deren Geruch Kaninchen fernhält.

Lycopersicon esculentum **Tomate**

Tomaten müssen nicht immer rot sein; es gibt auch grüne, gelbe und sogar weiße Sorten!

AUSSAAT					
J	F	M	A	M	J
J	A	S	O	N	D

30 Samen für 10 Pflanzen

locker, frisch und humusreich

5 Monate

Empfohlene Sorten

'Beefmaster' ist eine Sorte mit enorm großen Früchten; 'Superprécoce Marmande' eignet sich bestens zum Füllen; 'Rose de Berne' ist süßlich, während 'Roma' besonders festes Fleisch hat. Pflanzen Sie je eine Reihe mit einer bekannten und einer der vielen anderen Sorten zum Ausprobieren.

Wie wird's gemacht?

Bestücken Sie im März/April Torftöpfchen mit je 3 Samen für das beheizte Frühbeet (etwa 6 Wochen vor dem geplanten Auspflanzen). Wenn die Setzlinge 5 – 8 cm groß sind, entfernen Sie die beiden schwächeren. Haben die verbliebenen die Dicke eines Bleistifts erreicht und besteht keine Frostgefahr mehr, kommen sie samt Topf in den Garten.

Und dann?

Binden Sie den wachsenden Haupttrieb immer wieder entlang einer Stütze an. Entfernen Sie Nebentriebe, die aus den Blattachseln sprießen. Der Boden sollte gemulcht und mit einem Tropfschlauch bewässert werden. Stechen Sie etwa 10 cm über dem Boden ein Stück Kupferdraht durch den Haupttrieb; dieser verhindert einen Befall mit Echtem Mehltau.

Gute Nachbarn – schlechte Nachbarn

Tomaten mögen weder Fenchel noch Kohl in ihrer Nähe, dafür aber Studentenblumen und Möhren; Gewürzpflanzen halten bestimmte Krankheiten fern.

Lycopersicon esculentum **Kirschtomate**

Die Kirschtomate ist die ideale Pflanze für den Balkongärtner. Im Gemüsegarten pflanzt man sie am besten entlang von Wegen oder in Nähe der Sitzecke, sodass man im Vorbeigehen immer wieder davon naschen kann.

Empfohlene Sorten

'Sweet Cent' ist die süßeste Sorte; 'Red Pear' und 'Yellow Pearshaped' haben die Form von roten bzw. gelben Birnen; 'Red Current' macht Früchte so klein wie Johannisbeeren, die sich hervorragend als Vorspeise eignen.

Wie wird's gemacht?

Bestücken Sie im März/April Torftöpfchen mit je 3 Samen für das beheizte Frühbeet (rund 6 Wochen vor dem geplanten Auspflanzen). Wenn die Setzlinge 5 – 8 cm groß sind, entfernen Sie die beiden schwächsten. Haben die verbliebenen die Dicke eines Bleistifts erreicht und besteht keine Frostgefahr mehr, kommen sie samt Topf in den Garten.

Und dann?

Mulchen Sie den umliegenden Boden, und wässern Sie täglich so, dass die Blätter nicht nass werden. Die Früchte kann man einfach am Stiel abpflücken; die Haut ist meistens so fest, dass sie dadurch nicht einreißt.

Gut zu wissen

Die kompakte Wuchsform macht Stützen oft unnötig.

Gute Nachbarn – schlechte Nachbarn

Pflanzen Sie zusätzlich eine Studentenblume in den Topf. Das sieht hübsch aus und schützt die Tomate.

AUSSAAT					
J	F	M	A	M	J
J	A	S	O	N	D

15 Samen für 5 Pflanzen

locker, frisch und humusreich

5 Monate

Malus domestica **Apfel**

Wie Birnen wachsen Apfelbäume fast überall, solange es nur Winter mit Frost gibt.

Empfohlene Sorten

Von den vielen Sorten ist 'Reine des Reinettes' besonders zum Backen geeignet; 'Transparente de Croncels' ist zart und saftig; 'Delbardestivale' hat einen nussigen Geschmack.

Wie wird's gemacht?

Kaufen Sie ein entsprechend vorgezogenes Bäumchen, das man sofort an ein Spalier setzen kann. Pflanzen mit nackten Wurzeln werden im Winter gepflanzt, wenn kein Frost herrscht. Das Pflanzloch sollte 50 x 50 x 50 cm groß sein; der Boden wird mit einer 10 cm dicken Schicht Kies als Drainage ausgelegt. Breiten Sie die Wurzeln gut aus, und setzen Sie den Baum so, dass sich der Veredelungspunkt über der Erde befindet.

Und dann?

Spalieren Sie den Baum entsprechend seiner Form an. Er muss jedes Jahr beschnitten werden. Die ersten Äpfel können schon im nächsten Jahr erscheinen.

Gut zu wissen

Beim Kauf eines Apfelbaums sollten Sie unbedingt auf seine Eigenschaften achten. Eine schnell fruchtende, eine zwergwüchsige oder eine Sorte, die 100 Jahre alt wird.

Gute Nachbarn – schlechte Nachbarn

Apfelbäume können neben allen Pflanzen stehen. Wichtig ist, dass andere Apfelbäume in der Nähe sind, damit sie bestäubt werden.

PFLANZZEIT					
J	F	M	A	M	J
J	A	S	O	N	D

mindestens 2 Spalierbäume

tief, frisch und gut durchlässig

3 – 5 Jahre

Mentha ssp. **Minze**

Auch wenn man Minze nicht in der Küche verwendet, so ist ihr Duft doch eine Bereicherung für den Gemüsegarten und eine Abschreckung für viele Schädlinge.

Empfohlene Arten und Sorten

Es gibt viele Arten und Sorten. Die Grüne Minze (*Mentha spicata*) wird als Tee verwendet, ebenso wie *M. piperata*, die Pfefferminze, deren Sorte 'Citron' eben diesen Geschmack besitzt.

Wie wird's gemacht?

Belasten Sie sich nicht mit der Aussaat, sondern kaufen Sie Setzlinge, oder nehmen Sie geteilte Pflanzen von Freunden. Die Jungpflanzen werden im April in eine lockere Erde gesetzt. Gut angießen!

Und dann?

Ernten Sie die Blätter von im April gesetzten Pflanzen ab Ende des Sommers oder von Frühjahr bis Herbst bei Altbeständen. Blüten sollten sofort entfernt werden.

Gut zu wissen

Minze wuchert. Damit sie sich nicht über den ganzen Garten ausbreitet, kann man sie in einen Topf pflanzen, den man so in den Boden eingräbt, dass er noch 1 – 2 cm herausschaut.

Gute Nachbarn – schlechte Nachbarn

Unverträglichkeiten sind nicht bekannt, sondern Minze kommt diversen Gemüsen zugute, weil sie Raupen von Kohl fernhält und Ameisen, die Blattläuse auf die Tomaten bringen.

PFLANZZEIT					
J	F	M	A	M	J
J	A	S	O	N	D

1 Topf

frisch und locker

3 Monate

Ocimum basilicum **Basilikum**

Basilikum ist eine einjährige Pflanze, die jedes Jahr erneut gesetzt werden muss. Sie kann in einem Beet stehen, eignet sich aber auch für den Topf.

Empfohlene Sorten

'Grand Vert' ist eine sehr häufig angebotene Sorte; 'Anis', 'Zimt' und 'Lakritze' duften entsprechend; 'Le Marseillais' ist das Gewürz für Pestosoßen.

Wie wird's gemacht?

Vergessen Sie das Aussäen, denn es ist sehr schwierig. Kaufen Sie stattdessen Setzlinge im Topf, und pflanzen Sie diese in die Sonne. Der Boden muss feucht gehalten werden, sodass man am besten mulcht. Entfernen Sie die Blüten, damit sich die Triebe weiter verzweigen.

Und dann?

Ernten Sie die Blätter bei Bedarf durch Abkneifen zwischen Daumen und Zeigefinger. Warten Sie damit aber, bis sie dem entsprechenden Gericht tatsächlich hinzugefügt werden sollen, damit das Aroma maximal genutzt wird, das beim Trocknen teilweise verloren geht.

Gut zu wissen

Zum Haltbarmachen kann man die Blätter vor dem Winter ernten und ganz fein gehackt in einem Einweckglas mit Olivenöl einlegen.

Gute Nachbarn – schlechte Nachbarn

Basilikum gehört neben Tomatenpflanzen, die so vor bestimmten Schädlingen geschützt werden.

PFLANZZEIT					
J	F	M	A	M	J
J	A	S	O	N	D

3 Pflanzen

locker, frisch und nährstoffreich

1 Monat

Phaseolus vulgaris **Trockenbohne**

Die Trockenbohnen werden später geerntet als Grüne Bohnen (unten), denn die Samen müssen erst richtig ausreifen.

Empfohlene Sorten

Zum sofortigen Verzehr eignen sich die Zwergformen 'Alaric' und 'Coco Blanc Gautier', zum Trocknen eher die kleine, nach Esskastanien schmeckende 'St. Esprit à Œil Rouge' und die Stangenbohne 'Soissons Blanc'.

Wie wird's gemacht?

Legen Sie die Saatbohnen zunächst über Nacht in lauwarmes Wasser, damit sie sich vollsaugen können. Ziehen Sie dann eine 3 cm tiefe Furche, und legen Sie alle 5 cm eine Bohne hinein. Anschließend wird mit Komposterde abgedeckt, angedrückt und angegossen. Wenn die Pflanzen etwa 12 cm hoch geworden sind, muss angehäufelt werden. Die Stangenbohnen erhalten dann auch ihre Rankgitter.

Und dann?

Halten Sie den Boden mit Tropfschlauch und durch Mulchen feucht. Ernten Sie die zum sofortigen Verzehr bestimmten Bohnen, wenn die Schoten prall gefüllt aussehen.

Gut zu wissen

Im Fachhandel gibt es Bohnengitter, die viel praktischer sind, als die früher verwendeten Stangen.

Gute Nachbarn – schlechte Nachbarn

Bohnen vertragen sich nicht mit Knoblauch, Zwiebeln, Schalotten. Die Nachbarschaft von Studentenblumen und Bohnenkraut hält dagegen Schädlinge fern; Möhren und Erdbeeren fördern ihr Wachstum.

AUSSAAT

J	F	M	A	M	J
J	A	S	O	N	D

200 Saatbohnen für eine Zeile von 10 m

locker und frisch

3,5–4,5 Monate

Phaseolus vulgaris **Grüne Bohne**

Grüne Bohnen sind sowohl einfach zu kultivieren als auch sehr ergiebig. Sie sollten daher nicht auf sie verzichten.

Empfohlene Sorten

Die weniger faserigen Sorten sind zu bevorzugen, da sie zarter sind und daher besser schmecken. Empfehlen kann man hier 'Aiguillon', 'Novirex' und 'Oxinel'.

Wie wird's gemacht?

Legen Sie die Saatbohnen zunächst über Nacht in lauwarmes Wasser, damit sie sich vollsaugen können. Ziehen Sie dann eine 3 cm tiefe Furche, und legen Sie alle 5 cm eine Bohne hinein. Anschließend wird mit Komposterde abgedeckt, angedrückt und angegossen. Säen Sie alle anderthalb Wochen eine neue Reihe, damit Sie kontinuierlich ernten können. Wenn die Pflanzen etwa 12 cm hoch geworden sind, müssen sie angehäufelt werden.

Und dann?

Halten Sie den Boden mithilfe eines Tropfschlauches und durch Mulchen feucht. Wenn die Schoten 8 – 10 cm lang geworden sind, kann alle 2 Tage geerntet werden.

Gut zu wissen

Der Boden sollte für die Aussaat warm genug sein. Ist die Erde unter der Oberfläche zu kalt, warten Sie noch ein paar sonnige Tage ab.

Gute Nachbarn – schlechte Nachbarn

Bohnen vertragen sich nicht mit Knoblauch, Zwiebeln, Schalotten. Die Nachbarschaft von Studentenblumen und Bohnenkraut hält dagegen Schädlinge fern; Möhren und Erdbeeren fördern ihr Wachstum.

AUSSAAT

J	F	M	A	M	J
J	A	S	O	N	D

200 Saatbohnen für eine Zeile von 10 m

locker und frisch

2–2,5 Monate

Pisum sativum Erbse

Der Geschmack frisch aus dem Garten geernteter Erbsen hat kaum etwas gemein mit dem Gemüse aus Dosen. Der Anbau ist daher sehr lohnend.

Empfohlene Sorten

'Douce Provence' und 'Serpette Cent pour Un' sind eine gute Wahl für die Aussaat zwischen November und März; die frostempfindlicheren, aber auch süßeren 'Utrillo' und 'Lynx' werden im Frühjahr gesät. Wählen Sie kleinwüchsige Sorten, die keine Rankhilfe benötigen.

Wie wird's gemacht?

Die Erde muss gut aufgelockert werden. Legen Sie alle 40 cm 5–6 Samen auf einer handgroßen Fläche in eine flache Furche. Decken Sie mit Erde zu, und halten Sie den Bereich feucht, aber nicht zu nass, weil die Samen sonst verfaulen.

Und dann?

Wenn die Pflänzchen 10–15 cm Höhe erreicht haben, wird Erde angehäufelt und gemulcht. Ernten Sie die Schoten, wenn sie schön grün und prall gefüllt aussehen. Die Erbsen sollten am gleichen Tag verbraucht oder eingefroren werden.

Gut zu wissen

In Gegenden mit milden Wintern kann man Gartenerbsen zwischen November und Februar säen und im Frühjahr ernten.

Gute Nachbarn – schlechte Nachbarn

Erbsen wachsen eher schlecht in Gesellschaft von Knoblauch, Zwiebeln und Gladiolen.

AUSSAAT					
J	F	M	A	M	J
J	A	S	O	N	D

100 Samen

sehr locker und feucht

3–4 Monate

Pyrus communis Birne

Wie Apfelbäume wachsen auch Birnen fast überall, solange es nur Winter mit Frost gibt.

Empfohlene Sorten

Empfehlungen sind angesichts der vielen guten Sorten schwierig. Von denen, die im Sommer geerntet werden, sind 'Beurré Giffard', 'Conférence', 'Delbard Précoce' und 'Williams' stets eine gute Wahl.

Wie wird's gemacht?

Wählen Sie entsprechend vorgezogene Bäumchen, wenn diese an einem Spalier wachsen sollen. Solche mit nackten Wurzeln werden im Winter gepflanzt, aber nicht bei Frost. Heben Sie ein Pflanzloch von 50 x 50 x 50 cm Größe aus, und bringen Sie eine 10 cm hohe Drainageschicht aus Kies ein. Breiten Sie die Wurzeln gut aus, und setzen Sie den Baum so, dass sich der Veredelungspunkt über der Erde befindet.

Und dann?

Wässern Sie sofort und reichlich. Binden Sie die Äste locker am Spalier an. Erst im Februar des zweiten Jahres kann das erste Mal ein Rückschnitt erfolgen.

Gut zu wissen

Versuchen Sie mal, eine Flaschenbirne zu ziehen. Schieben Sie dazu die Flasche über eine junge Frucht, die noch durch den Hals passt. Wenn sie dann reif ist, wird sie mit der Flasche geerntet und diese mit Birnenschnaps aufgefüllt.

Gute Nachbarn – schlechte Nachbarn

Damit Birnbäume bestäubt werden, brauchen sie geeignete Partner in der Nähe.

PFLANZZEIT					
J	F	M	A	M	J
J	A	S	O	N	D

mindestens 2 Spalierpflanzen

tief, nährstoffreich und gut durchlässig

3–5 Jahre

Raphanus sativus **Radieschen**

Radieschen gehören in jeden Gemüsegarten, denn sie sind schmackhaft und lassen sich ganz einfach kultivieren.

Empfohlene Sorten

Von den Sorten mit langer Speicherknolle sind die schmackhafte 'Mirabeau' und 'De dix-huit jours' zu empfehlen; bei den kugeligen, pikanteren Sorten sind es 'Gaudry' und 'Gloriette', die schon sehr früh im Jahr gesät werden können.

Wie wird's gemacht?

Die Aussaat kann ab März erfolgen. Für Radieschen mit langer Speicherknolle wird eine 2 cm tiefe Furche angelegt, in die alle 2 cm ein Samenkorn kommt. Anschließend wird mit feiner Erde abgedeckt. Die kugeligen Sorten werden auf einer durchgeharkten Fläche ausgeworfen. Angegossen wird mit der Brausetülle.

Und dann?

Bis zur ersten Ernte muss man nur 4–5 Wochen warten. Wenn Sie stets gegossen haben, sobald die Erde an der Oberfläche trocken aussah (meist ist das abends so), können Sie die Radieschen einfach an ihren Blättern herausziehen.

Gut zu wissen

Um zu vermeiden, dass man die Radieschen ausgraben muss, sollten sie nicht zu groß werden. Kontrollieren Sie daher die Reihen alle 2–3 Tage, und ernten Sie die jeweils größte Speicherknolle, damit die verbleibenden mehr Platz haben.

Gute Nachbarn – schlechte Nachbarn

Vermeiden Sie unter allen Umständen die Nähe zu Kerbel, der den Geschmack der Radieschen verdirbt.

AUSSAAT					
J	F	M	A	M	J
J	A	S	O	N	D

5 Samentüten pro Jahr

feucht

4–6 Wochen

Rheum rhabarbarum **Rhabarber**

Rhabarber ist nicht nur als Konfitüre, Dessert oder Kuchen eine Delikatesse, sondern dient auch Kröten, Blindschleichen und Igeln als Unterschlupf, die ihrerseits nur zu gerne Nacktschnecken fressen.

Empfohlene Sorten

Es werden zahlreiche Sorten angeboten, die sich geschmacklich etwas unterscheiden. Hier muss man selbst ausprobieren.

Wie wird's gemacht?

Man kann Samen verwenden, jedoch ist das Setzen vorgezogener oder das Teilen alter Pflanzen deutlich einfacher. Die richtige Zeit dafür ist das Frühjahr. Die Erde sollte gut aufgelockert sein; als Standort eignen sich Stellen am Rand oder in einer Ecke, denn jede Pflanze benötigt mindestens 1 m² Fläche.

Und dann?

Wässern Sie reichlich und oft, vor allem im ersten Jahr. Danach sind die fleischigen Wurzeln lang genug, um sich selbst zu versorgen. Die Stängel können ab dem folgenden Mai/Juni und erneut im September geerntet werden. Sie werden direkt über dem Boden abgeschnitten.

Gut zu wissen

Unbedingt zu beachten ist, dass nur die Blattstiele essbar sind; die Blätter selbst enthalten einen Giftstoff, der Ihnen nicht bekommen wird.

Gute Nachbarn – schlechte Nachbarn

Die Größe und der Wasserverbrauch des Rhabarbers kann benachbarte Pflanzen beeinträchtigen.

PFLANZZEIT					
J	F	M	A	M	J
J	A	S	O	N	D

1–2 Pflanzen

tief, feucht und kalkfrei

18 Monate

Ribes nigrum **Schwarze Johannisbeere**

Saft, Konfitüre, Kuchen und Likör sind Argumente genug, um diese ergiebigen Sträucher im Gemüsegarten zu haben.

PFLANZZEIT					
J	F	M	A	M	J
J	A	S	O	N	D

mindestens 2 Sträucher

tief, feucht, aber gut durchlässig

3 Jahre

Empfohlene Sorten

'Noir de Bourgogne' und 'Géant de Boskoop' sollten wegen der gegenseitigen Bestäubung dicht beieinander stehen. Es gibt auch eine Kreuzung aus Schwarzer Johannisbeere und Stachelbeere.

Wie wird's gemacht?

Setzlinge mit nackten Wurzeln und 3–5 gut entwickelten Zweigen werden im Winter angeboten, solche im Topf das ganze Jahr über. Letztere sind sehr verlockend, weil sie im Juli vielleicht sogar schon ein paar Früchte tragen. Allerdings wachsen sie zumeist schlechter an. Heben Sie ein Pflanzloch von 40 cm Kantenlänge aus, auf dessen Boden eine 10 cm hohe Kiesschicht kommt. Mischen Sie den Aushub mit Kompost. Graben Sie die Pflanze ein, und gießen Sie sie an.

Und dann?

Jedes Jahr im Februar zurückschneiden, indem ältere, trockene und solche Zweige bis auf den Grund entfernt werden, die sich auf dem Boden ausbreiten. Ab Ende Juni sollte man den Strauch mit einem Netz umwickeln, um ihn vor naschhaften Vögeln zu schützen. Im Juli kann durch Abschneiden der Fruchtstände geerntet werden.

Gute Nachbarn – schlechte Nachbarn

Die Schwarze Johannisbeere ist eine gute Nachbarin. Sie selbst mag Bodendecker, die das Unkraut fernhalten.

Ribes rubrum **Rote Johannisbeere**

Rote Johannisbeeren sind einfach nur köstlich und vielfältig verwendbar. Und aus dem Überschuss lässt sich schmackhafter Fruchtwein herstellen.

PFLANZZEIT					
J	F	M	A	M	J
J	A	S	O	N	D

mindestens 2 Sträucher

feucht, aber gut durchlässig

2–4 Jahre

Empfohlene Sorten

'Versaillaise rouge' ist besonders ergiebig; 'Gloire des Sablons' hat weiße, süße Beeren.

Wie wird's gemacht?

Im Winter werden die Sträucher mit nackten Wurzeln oder in Torf verpackt angeboten, in Töpfen das ganze Jahr über. Winterpflanzungen sind meistens erfolgreicher. Es wird ein Pflanzloch von 40 cm Kantenlänge ausgehoben, dessen Boden eine 10 cm hohe Kiesschicht erhält. Mischen Sie den Aushub mit Kompost und graben Sie die Pflanze so ein, dass die Stammbasis freibleibt. Anschließend wird angegossen und sofort gemulcht.

Und dann?

Im Februar werden alle Hauptzweige um die Hälfte eingekürzt und die Nebenzweige jeweils über dem ersten Auge abgeschnitten. Erntezeit ist Juli.

Gut zu wissen

Die Stachelbeere ist eine nah verwandte Art, die aber keine heißen, trockenen Sommer verträgt.

Gute Nachbarn – schlechte Nachbarn

Unverträglichkeiten sind nicht bekannt. Tomatenpflanzen halten manche Schädlinge fern.

Ribes idaeus **Himbeere**

Himbeeren sind bei Kindern ganz besonders beliebt und vermutlich nicht nur bei diesen.

PFLANZZEIT					
J	F	M	A	M	J
J	A	S	O	N	D

4–5 Sträucher

leicht, feucht, aber gut durchlässig

2–3 Jahre

Empfohlene Sorten

Geben Sie zweifach fruchtenden Sorten den Vorzug, damit Sie im Juni und noch einmal im Herbst ernten können. Entsprechende Beispiele sind 'Heritage' und vor allem 'Sumo', deren Beeren so groß wie Haselnüsse werden.

Wie wird's gemacht?

Himbeersträucher werden mit nackten Wurzeln im Winter oder vorgezogen im Topf ganzjährig angeboten. Empfehlenswert sind Erstere (mit 3–5 gut entwickelten Zweigen), weil sie besser anwachsen. Es wird ein Pflanzloch von 40 cm Kantenlänge ausgehoben, dessen Boden eine 10 cm hohe Drainageschicht aus Kies erhält. Gut angießen!

Und dann?

Mehrfach tragende Sträucher muss man zweimal im Jahr schneiden. Nach der ersten Ernte im Juni werden alle Zweige, die gerade Früchte getragen haben, knapp unter der untersten Beere abgeschnitten. Im Oktober, nach der zweiten Ernte, sollten dann alle diese Zweige bis auf den Boden heruntergeschnitten werden.

Gute Nachbarn – schlechte Nachbarn

Unverträglichkeiten sind nicht bekannt. Manche Gärtner meinen, dass darunter gepflanzte Vergissmeinnicht die kleinen Maden vertreiben, die oft die Früchte befallen. Hier heißt es: ausprobieren!

Satureja montana **Winterbohnenkraut**

Die klein gehackten Blätter des Winterbohnenkrautes eignen sich gut für Salate, aber auch zum Würzen von Eintöpfen oder Fleischgerichten.

PFLANZZEIT					
J	F	M	A	M	J
J	A	S	O	N	D

1–2 Pflanzen

wasserdurchlässig und leicht kalkhaltig

6 Monate

Empfohlene Arten

Eine verwandte Art ist das Sommerbohnenkraut (*Satureja hortensis*).

Wie wird's gemacht?

Aussäen ist möglich, man kann sich aber mit vorgezogenen Setzlingen oder Teilen älterer Pflanzen viel Zeit sparen. Gesetzt werden sie März/April nach dem letzten Frost. Danach muss man in regelmäßigen Abständen gut, aber nicht übertrieben wässern, bis die Pflanze eingewurzelt ist.

Und dann?

Warten Sie mehrere Monate, bis Sie anfangen, die Blätter zu ernten. Schneiden Sie sie dann je nach Bedarf mit einer Schere ab. Der Geschmack des Winterbohnenkrauts ist etwas streng, sodass man beim Würzen ein wenig vorsichtig sein sollte.

Gut zu wissen

Bohnenkraut zieht zahlreiche Bestäuberinsekten an, worauf man beim Ernten ein wenig Rücksicht nehmen sollte.

Gute Nachbarn – schlechte Nachbarn

Bohnen und Zwiebeln fördern das Wachstum des Bohnenkrauts.

Solanum melongena **Aubergine**

Die einfach zu kultivierende Grundlage vieler mediterraner Gerichte schmeckt auch hervorragend als Beilage zu Fleisch.

Empfohlene Sorten

Für Gegenden mit lang anhaltenden Wintern bieten sich schnellwüchsige Sorten wie 'Bonica' und 'Vernal' an oder auch unveredelte wie 'Baluroi'; in wärmeren Regionen und solchen mit einem zeitigen Frühling kann man es auch mit 'Black Beauty' oder 'Violette de Florence' versuchen.

Wie wird's gemacht?

Aussäen im Februar ist nur im beheizten Frühbeet möglich. Man wählt daher vielleicht eher pflanzfertige Setzlinge, die nach dem letzten Frost in Abständen von 50 cm eingepflanzt werden. Geben Sie der Pflanzerde zwei Handvoll Kompost bei, und halten Sie den Boden bis zur Ernte feucht. Nach der Blüte sollten alle Triebe oberhalb der jeweils zweiten Blüte gekappt werden.

Und dann?

Ernten Sie, wenn die Früchte kräftig gefärbt und weich sind. Achten Sie auf die Stacheln.

Gut zu wissen

Gießen mit zu kaltem Wasser kann die Blüten zum Abfallen bringen.

Gute Nachbarn – schlechte Nachbarn

Auberginen mögen die Nähe von Grünen Bohnen, weil dadurch Flohkäfer ferngehalten werden. Zu ihren Füßen kann man Radieschen und Kopfsalat pflanzen, die vom Schatten profitieren.

PFLANZZEIT

J	F	M	A	M	J
J	A	S	O	N	D

3 Pflanzen

locker, tief, frisch und humusreich

2,5–3 Monate

Solanum tuberosum **Kartoffel**

Für Kartoffeln benötigt man viel Platz. Wenn Sie nur einen kleinen Gemüsegarten haben, sollten Sie sich auf ein paar Reihen einer besonders schmackhaften Sorte beschränken.

Empfohlene Sorten

'Charlotte', 'Ratte' und 'Pompadour' sind besonders wohlschmeckende und festkochende Sorten. 'Bintje' und 'Sirtema' eignen sich gut für Püree und Pommes frites.

Wie wird's gemacht?

Nehmen Sie vorgekeimte Setzlinge, denn diese wachsen umgehend an. Wenn keine Gefahr mehr für Frost besteht, also etwa dann, wenn der Flieder blüht, stecken Sie die Setzlinge mit dem Keim nach oben in Abständen von 40–50 cm in Pflanzlöcher von etwa 12 cm Tiefe. Halten Sie den Boden feucht. Wenn die Pflanzen 10–15 cm Höhe erreicht haben, werden sie angehäufelt.

Und dann?

Die Zeitspanne zwischen Stecken und Ernten hängt von der jeweiligen Sorte ab und kann zwischen 90 und 110 Tage betragen.

Gut zu wissen

Man unterscheidet zwischen festkochenden Sorten für Salat sowie mehligen, die man z. B. für Püree verwendet.

Gute Nachbarn – schlechte Nachbarn

Kartoffeln wachsen schlecht in der Nähe von Kürbissen und Gurken. Die Anwesenheit von Tomaten macht sie anfälliger für Krankheiten. Bohnen als Nachbarn halten Kartoffelkäfer fern.

PFLANZZEIT

J	F	M	A	M	J
J	A	S	O	N	D

150 Setzkartoffeln

locker, nicht zu nass

3–4 Monate

Spinacia oleracea **Spinat**

Durch Popeye ist die Wirkung von Spinat auf den Muskelaufbau bekannt geworden. Die Grundlage dafür ist der Eisengehalt, der allerdings viel geringer ist als z. B. der von Petersilie! Außerdem liegt der wahre Wert dieses Wintergemüses auch eher in seinem hohen Vitamin-C-Gehalt.

AUSSAAT					
J	F	M	A	M	J
J	A	S	O	N	D

eine Tüte Samen für 20 Pflanzen

sandig und humusreich

1,5–2 Monate

Empfohlene Sorten

Eine sichere Wahl ist 'Monstrueux de Viroflay'; für Herbstaussaaten bieten sich 'Géant d'hiver' und 'Whitney' an.

Wie wird's gemacht?

Wird während der heißesten Zeit des Jahres ausgesät, bildet Spinat Samen und wird dadurch ungenießbar. Der Boden sollte nicht aufgelockert werden, denn die Pflanzen bevorzugen eine feste Erde. Harken Sie ihn also nur über, und säen Sie in ganz flachen Furchen aus. Anschließend wird mit Komposterde abgedeckt, angedrückt und angegossen. Wenn die Pflänzchen 5–6 Blätter haben, wird auf eine Pflanze pro 12–15 cm ausgelichtet. Der Boden sollte stets feucht sein.

Und dann?

Ernten Sie die äußeren Blätter der am weitesten entwickelten Exemplare. Lassen Sie dabei die jungen Blätter in der Mitte stehen. Die Herbsternte kann eingefroren werden.

Gut zu wissen

Im Sommer sät man Neuseelandspinat, der ganz ähnlich schmeckt, aber Hitze verträgt.

Gute Nachbarn – schlechte Nachbarn

Spinat verträgt sich mit allen anderen Gemüsen.

Thymus vulgaris **Thymian**

Thymian ist eine Charakterpflanze des Mittelmeerraumes, die pralle Sonne und vor allem Trockenheit mag. Man sollte mehrere Büsche anpflanzen.

PFLANZZEIT					
J	F	M	A	M	J
J	A	S	O	N	D

1–2 Pflanzen

gut durchlässig, warm und leicht kalkhaltig

6 Monate

Empfohlene Arten und Sorten

Geruch und Geschmack sind bei den Sorten etwas unterschiedlich. 'Fleur Provence' ist sehr würzig; Zitronenthymian (*Thymus × citriodorus*) duftet sehr stark, und der Quendel (*Thymus serpyllum*) hat einen ganz feinen Geschmack.

Wie wird's gemacht?

Verwenden Sie Setzlinge oder geteilte Exemplare. Diese pflanzt man im März oder April, wenn nicht mehr mit Frost zu rechnen ist. Wässern Sie regelmäßig, aber nicht im Übermaß, bis sich die Pflanze gut verwurzelt hat.

Und dann?

Warten Sie mit der Ernte mehrere Monate, bis die Pflanze gut angewachsen ist. Schneiden Sie die Blätter dann mit der Schere ab. Im Verlauf des Sommers wird die Hälfte des Strauches auf ein Drittel seiner Größe gestutzt, damit er zum dichten Verzweigen gezwungen wird.

Gut zu wissen

Thymian lässt sich gut lagern. Dazu schneidet man zu Beginn der Blütezeit Zweige ab und hängt sie zum Trocknen auf, um sie dann in dicht schließenden Glasgefäßen aufzubewahren.

Gute Nachbarn – schlechte Nachbarn

Thymian vertreibt Kohlweißlinge, deren schwarz-gelbe Raupen sich von Kohl ernähren. Als Gewürz betont er den Geschmack anderer Gemüsesorten.

Tragopogon porrifolius **Haferwurzel**

Zwar wird die Haferwurzel bis zu 1 m hoch, aber Gärtner sind fast ausschließlich an der Wurzel interessiert, die wie eine große, ausgebleichte Möhre aussieht.

Empfohlene Sorten

Es existieren nur wenige Sorten, sodass man nehmen muss, was gerade in den Gärtnereien angeboten wird.

Wie wird's gemacht?

Die Art gehört zu den wenigen Gemüsen, bei denen die Aussaat etwas schwierig sein kann, denn der Boden muss warm sein, damit die Samen keimen. Dazu werden sie in 2 cm tiefen Furchen nicht zu dicht verteilt, mit feiner Erde zugedeckt und angegossen. Wenn die Pflänzchen 5 – 8 cm hoch geworden sind, wird auf Abstände von 10 cm ausgeglichet.

Und dann?

Halten Sie den Boden feucht, und decken Sie ihn mit Flachsschrot ab. Zwischen Oktober und März können die Wurzeln durch Ziehen am Blattschopf geerntet werden. Das Mulchen schützt den Boden vor dem Durchfrieren und vereinfacht somit die Ernte.

Gut zu wissen

Die ähnliche Schwarzwurzel ist schwarz mit eher zylindrischer Form. Beide isst man gekocht, mit Sauerrahm, überbacken oder als Fleischbeilage.

Gute Nachbarn – schlechte Nachbarn

Haferwurzeln mögen die Nachbarschaft von Kürbisgewächsen, die ihnen etwas Schatten und damit Kühlung bieten.

AUSSAAT					
J	F	M	A	M	J
J	A	S	O	N	D

1/2 Tüte Samen auf 4 m

frisch, tief und sandig

7 – 8 Monate

Valerianella locusta **Feldsalat**

Feldsalat bevorzugt einen festen, nicht umgegrabenen Boden, und er mag keine Hitze. Daher sät man ihn erst am Ende des Sommers aus und erntet im Herbst oder Winter.

Empfohlene Sorten

'À grosse graine' und 'Coquille de Louviers' sind sehr frostverträglich und können somit im Herbst ausgesät werden. Ansonsten können Sie beispielsweise 'Ronde Verte Maraîchère' nehmen.

Wie wird's gemacht?

Der Erfolg hängt von der Festigkeit des Bodens ab; graben Sie ihn also nicht um, sondern harken Sie ihn lediglich über. Mischen Sie die kleinen Samen mit trockenem Sand, und verteilen Sie die Mischung in einer ganz flachen Furche. Mit feiner Erde zudecken, gut mit dem Rücken der Harke andrücken und dann mit der feinen Brausetülle wässern.

Und dann?

Um die Bodenfeuchtigkeit zu erhalten, sollte der Boden nach dem Auskeimen der Pflänzchen mit Zweigen abgedeckt werden.

Gut zu wissen

Gegen Ende des Winters können alle verbliebenen Pflanzen abgeschnitten und wie Spinat zubereitet werden. Wenn es zu viele sind, kann man sie einfach untergraben, denn Feldsalat ist auch ein guter Gründünger.

Gute Nachbarn – schlechte Nachbarn

Feldsalat verträgt sich mit allen anderen Gemüsen.

AUSSAAT					
J	F	M	A	M	J
J	A	S	O	N	D

1/4 Tüte Samen pro Monat

fest und feucht

3 – 5 Monate

Vicia faba Ackerbohne

Diese dicken Bohnen, die auch Pferde- oder Saubohnen genannt werden, sind ein wenig faserig. Man benutzt sie jung z. B. für Ragouts.

Empfohlene Sorten

'D'Aguadulce' und 'Précoce d'Aquitaine' enttäuschen nie; 'The Sutton' wird nur 30 cm hoch.

Wie wird's gemacht?

Säen Sie die Samen zu zweit in gut aufgelockertem Boden aus. Drücken Sie die Erde dann an, und gießen Sie so reichlich, dass der Boden gut durchnässt ist. Wenn die Pflanzen auf 20 cm herangewachsen sind, werden sie auf 15 cm angehäufelt, damit sie sich fest verankern. Normale Sorten können bis 1 m hoch werden.

Und dann?

Im Mai wird der Stängel oberhalb der fünften Blüte gekappt. Dadurch wird eine seitliche Verzweigung gebildet, an der wiederum Blüten entstehen; außerdem wird man so die an der Spitze sitzenden Blattläuse los. Ab Ende Juni erntet man die prallen, grünen Schoten.

Gut zu wissen

Die Haut der Samen ist recht dick und sollte über Nacht in Wasser mit Zimmertemperatur im Haus aufgeweicht werden, damit sie problemlos auskeimen.

Gute Nachbarn – schlechte Nachbarn

Die Ackerbohne verträgt sich nicht mit Pflanzen wie Knoblauch, Zwiebel und Schalotte. Bohnenkraut hält dagegen die Blattläuse fern.

AUSSAAT					
J	F	M	A	M	J
J	A	S	O	N	D

40 Samen für 20 Pflanzen

jede nicht zu trockene Erde

3–4 Monate

Zea mays Zuckermais

Zuckermais steht gerade bei Kindern hoch im Kurs und sollte daher in keinem Gemüsegarten fehlen.

Empfohlene Sorten

Die ohne Zweifel süßeste Sorte ist 'Honey Bantam', die mit gelben oder weißen als auch mit gelben und weißen Körnern in einem Kolben zu haben ist.

Wie wird's gemacht?

Säen Sie, wenn nicht mehr mit Frost gerechnet werden muss. Dazu legt man in 2 cm tiefe Furchen alle 50 cm zwei Samen. Anschließend wird mit feiner Erde zugedeckt, angedrückt und sofort angegossen. Kontrollieren Sie täglich die Feuchtigkeit, und seien Sie geduldig, denn es dauert mitunter 2 Wochen, bis die ersten Pflänzchen erscheinen.

Und dann?

Wenn die Pflanzen etwa 5 cm groß sind, entfernt man von jedem Paar das schwächere Exemplar. Bei einer Höhe von 20 cm wird angehäufelt, damit die oberen Wurzeln mehr Halt finden. Anschließend kann Mulch verteilt werden, damit der Boden feucht bleibt.

Gut zu wissen

Säen Sie Kletterbohnen unter Mais, wenn dieser 50 cm Höhe erreicht. Die Bohnen nutzen diesen als Kletterhilfe.

Gute Nachbarn – schlechte Nachbarn

Der Schatten der hohen Maispflanzen kommt Kürbissen und Gurken zugute. Mais selbst mag Bohnen als Partner, weil diese den Boden mit Stickstoff anreichern. Tomaten sind ungeeignet, denn sie ziehen dieselben Schädlinge an.

AUSSAAT					
J	F	M	A	M	J
J	A	S	O	N	D

20 Samen pro 10 Pflanzen

feucht und locker

3 Monate

GLOSSAR

Rund um den Gemüsegarten

A

Ableger

Ableger sind Jungpflanzen, die sich an einer Mutterpflanze bilden, um diese nach deren Absterben zu ersetzen.

Zumeist kann man die Ableger von der Mutterpflanze trennen, wenn sie eine Größe erreicht haben, die ihnen ein unabhängiges Überleben ermöglicht. Zu den Pflanzen, die häufig durch Ableger vermehrt werden, gehört die Artischocke. Soll ein Ableger genommen werden, wird einfach die Verbindung zwischen Mutterpflanze und Jungpflanze durchtrennt und Letztere an eine andere Stelle umgepflanzt. Zu beachten ist, dass z. B. die Ableger mancher Erdbeersorten zwar gut anwachsen, dann aber keine oder nicht besonders schmeckende Früchte tragen.

→ Artischocken, hübsch und gesund (siehe S. 41)

Andrücken

Das Andrücken der Erde nach dem Pflanzen ist notwendig, damit die Wurzeln mit dem umgebenden Erdreich in Verbindung kommen. Im einfachsten Fall nimmt man dazu das gerade zuvor benutzte Pflanzholz.

Drücken Sie zunächst mit einem konisch zugespitzten Pflanzholz ein Loch in die Erde. Setzen Sie die Pflanze ein, und stecken Sie das Pflanzholz im Abstand von etwa 3 cm erneut in den Boden. Halten Sie die Pflanze fest, und drücken Sie das Steckholz in Richtung der Pflanze. Dadurch wird das erste Loch geschlossen. Anschließend wird über das Hilfsloch gewässert, damit die Wurzeln bis unten in Bodenkontakt kommen.

→ Umpflanzen (siehe S. 16)
→ Lauch pflanzen (siehe S. 48)

Anhäufeln

Beim Anhäufeln wird der Fuß einer Pflanze mit einem Haufen Erde, Sand oder Mulch umgeben.

Mit dem Anhäufeln werden mehrere Ziele verfolgt:

– bei **Tomaten** sollen sich am Ansatz des Stängels zusätzliche Wurzeln bilden, durch die die Pflanze dann mehr Nährstoffe aufnehmen und die Früchte besser versorgen kann.

– bei **Kartoffeln** soll die für die Wurzel- und Knollenbildung zur Verfügung stehende Bodenfläche vergrößert werden.

– bei **Lauch und Sellerie** soll der Ansatz vor Licht geschützt werden, damit er sowohl ausbleicht wie auch seine Bitterstoffe verliert.

– bei **Bohnen** ist ein Anhäufeln erforderlich, weil die Stängel so dünn sind, dass sie oft schon bei Wind oder schwerem Regen abbrechen. Durch die zusätzliche Erde ist die Pflanze davor besser geschützt.

→ Kartoffeln setzen (siehe S. 38)

Anwachsen

Man betrachtet eine Pflanze als angewachsen, wenn sie nach einem Umpflanzen wieder Anzeichen eines normalen Wachstums zeigt.

Die Zeit, welche eine Pflanze zum Anwachsen benötigt, ist von verschiedenen Faktoren abhängig. So spielt es eine Rolle, wo die Pflanze vorher gewachsen ist, aber auch die Qualität der Erde am neuen Standort hat großen Einfluss, ebenso wie die dortige Sonneneinstrahlung und die Verfügbarkeit von Wasser. Außerdem kann das Anwachsen vom Alter der Pflanze abhängen, wie auch vom Ausmaß der Beschädigung ihrer Wurzeln oder ob diese während des Umpflanzens ausgetrocknet waren. Je mehr ungünstige Faktoren der Gärtner beseitigen oder abschwächen kann und je sorgfältiger er die Pflanze setzt und anschließend mit Wasser versorgt, desto kürzer ist die Zeit bis zur Wiederaufnahme des Wachstums.

Auswurfsaat

Das willkürliche flächige Verteilen von Samen durch einfaches Verschleudern der Körner aus der freien Hand.

→ Saatfurche

B

Bestäubung

Die Bestäubung ist die Übertragung von Pollen auf die Narbe derselben oder einer anderen Blüte.

Die Bestäubung und damit die Befruchtung von Blüten erfolgt entweder durch den Wind oder durch Tiere, in den meisten Fällen Insekten. Diese fliegen Blüten auf der Suche nach Nektar an. Dabei kommen sie mit Pollen in Kontakt, der an ihnen haften bleibt und so auf die nächste Blüte verschleppt wird. Berührt das Insekt dort die klebrige Narbe, bleibt häufig etwas von dem mitgeschleppten Pollen hängen, und es kommt zu einer Befruchtung und zur Bildung einer Frucht.

Bei der Kultur von fruchtendem Gemüse im Gewächshaus muss die Bestäubung durch den Gärtner erfolgen, weil dort die Bestäuberinsekten fehlen. Üblicherweise verwendet man dazu einen kleinen Pinsel, mit dem man an einer Blüte Pollen von den Staubblättern abtupft und diesen dann auf die Narben anderer Blüten überträgt. Dieser Schritt ist zwingend notwendig, wenn das Gemüse auch im Gewächshaus Früchte tragen soll.

Blütenbildung

Blattsalate, Endivien, Kohl und Petersilie können Blütenstände austreiben, die beim Salat über 1,50 m hoch werden können.

Bei Blattsalaten geschieht dies am häufigsten, wenn die Pflanzen anhaltender Hitze ausgesetzt sind oder bei Trockenheit nur unregelmäßig oder unzureichend gewässert werden. Die Köpfe werden durch den Blütentrieb nicht nur unansehnlich, sondern auch ungenießbar. Bisweilen kann man aber zumindest die daran entstandenen Samen zur nächsten Aussaat verwenden. Wenn erst einmal ein Blütenstiel ausgetrieben wurde, kann man die Entwicklung nicht mehr aufhalten. Es gilt also, dies durch geeignete Pflegemaßnahmen von vornherein zu verhindern.

D

Drainage

Eine Drainage dient dem zügigen Abführen von Wasser aus den oberen Erdschichten, sodass es nicht zu Staunässe kommt.

Staunässe bildet sich zumeist in einem verdichteten Boden, der daher vor der Nutzung aufgelockert oder auch mit Sand oder Kies durchlässiger gemacht werden muss. Kiesige und sandige Böden sind hingegen von Natur aus gut durchlässig, und es kann sogar vorkommen, dass man sie besonders aufbereiten muss, damit sie die Feuchtigkeit länger halten. Hierzu eignet sich z. B. ein jährliches Untergraben von Mist oder Kompost bzw. ein einmaliges Anreichern mit Lehm- oder Tonerde. Ein schlecht durchlässiger Boden ist nur für wenige Gemüsesorten geeignet.

Dünger

Nährsubstanzen, die man dem Boden hinzufügt, damit Pflanzen sie aufnehmen und sich so besser entwickeln können.

Normaler Boden enthält nur eine begrenzte Menge an Nährstoffen, die von Pflanzen verwertet werden können. Bei einer intensiven Nutzung sind diese zwangsläufig recht schnell verbraucht. Dadurch ist der Boden irgendwann so ausgelaugt, dass dort gesetzte Pflanzen schlecht wachsen oder kaum noch Früchte bilden. Ein guter Boden zeichnet sich aber auch dadurch aus, dass er locker ist, denn nur so ist den Wurzeln möglich, sich auf der Suche nach Nährstoffen und Wasser weit auszubreiten.

In einem Garten und ganz besonders in einem Gemüsegarten gilt es, den Boden folglich so aufzubereiten, dass die dort wachsenden Pflanzen optimale Lebensbedingungen vorfinden. Und diese Voraussetzung ist wichtiger als jede spätere Pflegemaßnahme. Für die meisten Pflanzen muss der Boden in regelmäßigen Abständen aufgelockert werden, etwa durch Umgraben. Diese Maßnahme ist gleichzeitig die perfekte Gelegenheit, ihn mit geeigneten Düngemitteln anzureichern. Dabei kann es sich um naturliche Substanzen, etwa Kompost, Mist, Gründüngerpflanzen etc. handeln, oder auch um Mineral- oder Kunstdünger. Da ein Zuviel an Dünger zu Vergiftungen bis hin zu Verbrennungen am Pflanzengewebe führen kann, dürfen ausschließlich für bestimmte Pflanzengruppen hergestellte Düngemittel verwendet werden. Außerdem muss man unbedingt die Anwendungsvorschriften für den geeigneten Zeitpunkt und die richtige Konzentration beachten. Vor allem Kunstdünger sollten nicht mehr verwendet werden, wenn man kurze Zeit später ernten will. Bei der Verwendung von natürlichen Düngern wie Mist und Jauche sollte man sich Rat von einem erfahrenen Gärtner holen, um auch hier ein Überdüngen zu vermeiden.

E

Einjährige Pflanzen

Eine Pflanze, deren vollständiger Lebenszyklus nicht über ein Kalenderjahr hinausgeht.

In den meisten Fällen werden diese Pflanzen gegen Ende des Winters ausgesät, die besonders widerstandsfähigen schon im März, manche aber auch erst später im Frühjahr, wenn sie dank der zunehmenden Wärme schnell austreiben und wachsen können. Alle Einjährigen blühen und fruchten im Sommer und Herbst.

Im Gemüsegarten findet man viele Einjährige. Aber es gibt auch solche, die nur wie Einjährige behandelt werden, denn man pflanzt sie jedes Jahr neu an und erntet sie vor der Blüte. Beispiele sind Möhre und Petersilie. Pflanzen wie Tomaten, Bohnen, Mais, Blattsalate und Radieschen sind hingegen echte Einjährige.

Eisheilige

Dieser Begriff bezeichnet einen Zeitraum von drei Tagen um den 11., 12. und 13. Mai, in dem es häufig noch einmal zu einem Kälteeinbruch mit der Möglichkeit von Nachtfrösten kommt.
Die Eisheiligen sind von großer Bedeutung für den Gemüsegärtner, da jetzt noch auftretender Frost alle bisher ausgepflanzten Setzlinge und Aussaaten zunichte machen kann. Man sollte also unbedingt auf die Wettervorhersagen und andere Anzeichen achten und eventuell rechtzeitig Schutzmaßnahmen ergreifen, also z. B. Winterfolie auflegen, einen Folientunnel aufstellen oder auch blühende Obstbäume am Abend vor dem erwarteten Frost mit Wasser besprengen.

→ Gemüsepflanzen vor Frost schützen (siehe S. 63)

F

Frostschutz

Jede Maßnahme, die die Pflanzen vor übermäßiger Kälte schützt.
Am besten sind Gemüsepflanzen im Gewächshaus oder im Frühbeet vor Frost geschützt, die sich auch gut zum Anziehen von Samen eignen. Besonders optimal ist ein Gewächshaus, vor allem wenn man es beheizen kann. Aber auch ein einfacher Folientunnel mit einem gebogenen oder gewinkelten Rohrgestell kann gute Dienste leisten. Ein Frühbeet besteht aus einem Kasten mit einem aufklappbaren, lichtdurchlässigen Deckel. Er schützt Jungpflanzen vor späten Frösten und erlaubt das Vorziehen aus Samen im zeitigen Frühjahr.
Vorübergehende Frostschutzmaßnahmen können aus dem Abdecken der Pflanzen mit Winterfolie, Laub, Kompost, Stroh, Pappe, Zeitungspapier und vielen anderen Materialien bestehen. Winterfolie, die rollenweise im Fachhandel angeboten wird und aus einem durchscheinenden Material besteht, breitet man über den gefährdeten Pflanzen aus und beschwert sie an den Rändern mit Ziegelsteinen oder anderen schweren Objekten. Wird das Wetter wieder wärmer oder scheint die Sonne schon kräftig, muss die Folie umgehend entfernt werden, da es darunter sonst zu einem Hitzestau oder Schwitzwasser kommen kann, was die Pflanzen nicht selten schädigt.
Auch das Einnässen von Obstbäumen vor einer Frostnacht ist ein wirkungsvoller Frostschutz.

→ Gemüsepflanzen vor Frost schützen (siehe S. 63)
→ Frühbeet

Fruchtstiel

Beim Fruchtstiel handelt es sich um den Teil, der zunächst die Blüte getragen hat, aus deren Fruchtknoten nach der Befruchtung dann die Frucht geworden ist. Bohnen, Tomaten, Paprika, Artischocke, Erdbeere und alle anderen fruchtenden Gemüse besitzen Fruchtstiele, an denen sich Früchte bei der Ernte gut abtrennen lassen. Grundsätzlich sollte der Stiel immer dann mitgeerntet werden, wenn die Früchte nicht sofort weiterverarbeitet werden. Dadurch bleibt der Ansatzpunkt an der Frucht geschlossen, was die Gefahr des Austrocknens verringert. Bei einigen Pflanzen, etwa Auberginen, ist der Fruchtstiel so hart, dass man ihn mit einer Gartenschere durchtrennen muss.

Frühbeet

Beim Frühbeet handelt es sich im Grunde um ein primitives, nicht begehbares Gewächshaus, das man gut zur Aussaat von Samen und zum geschützten Vorziehen von Setzlingen benutzen kann.
Mithilfe eines Frühbeetes kann man schon zeitig im Jahr mit der Aussaat von Lauch, Kohl und einigen anderen Gemüsen beginnen, für deren Samen es im Garten noch viel zu kalt ist. Wird das Wetter dann wärmer, stehen kräftige Setzlinge zur Verfügung, die sofort ausgepflanzt werden können und dadurch früher im Jahr erntereif sind. Grundsätzlich gilt, dass einige Gemüse besser wachsen, wenn sie auf diese Weise vorgezogen und mindestens einmal umgepflanzt wurden. Frühbeete lassen sich beheizen, sodass man in ihnen den ganzen Winter über frisches Gemüse ziehen kann. Im Handel werden vorgefertigte Frühbeetbausätze angeboten, außerdem existieren zahlreiche Bauanleitungen (z. B. im Internet) für die unterschiedlichsten Modelle.

→ Frostschutz

G

Gemüsekategorien

Gemüse lassen sich in drei Kategorien unterteilen: Blattgemüse wie Spinat, Blattsalate und Kohl, fruchtende Gemüse wie Tomaten, Paprika, Bohnen und Gurken und Wurzelgemüse wie Möhren, Zwiebeln und Kartoffeln – je nachdem, welche Teile der Pflanze hauptsächlich zu Nahrungszwecken geerntet werden. Obst stellt eine gesonderte Gruppe dar.

H

Humus

Hierbei handelt es sich um eine Erde mit einem hohem Gehalt an abgestorbenen organischen Abbauprodukten, die beim natürlichen, langsamen, biologischen Abbau pflanzlicher und tierischer Stoffe im Boden entsteht. Sie ist schwärzlich, feinkörnig und überaus nährstoffreich. Kompost ist ebenfalls eine Art Humus, der sich aufgrund der künstlich herbeigeführten Bedingungen allerdings schneller entwickelt als im Boden und daher erheblich grobkörniger ist. Erst nachdem man den Kompost dem Gartenboden untergemischt hat, wird er schließlich auch zu Humus.

Der Humusanteil im Boden bestimmt dessen Fruchtbarkeit und folglich das Gedeihen und den Ernteertrag der darauf angepflanzten Gemüse. Sandige und kiesige Böden werden durch Hinzufügen von Humuserde insofern aufgewertet, als sie Feuchtigkeit besser halten und den Pflanzen zusätzliche Nährstoffe zur Verfügung stellen.

Humus-, aber auch Komposterden werden gemeinhin als „fett" bezeichnet, solche mit hohem Sand- oder Kiesanteil als „mager".

Hybride

Individuum, das durch eine Kreuzung von Elternpflanzen hervorgegangen ist, die verschiedenen Arten, Unterarten oder Sorten angehören.

Die allermeisten heutigen Gartengemüse sind künstlich erzeugte Hybriden, die oft kaum noch Ähnlichkeit mit der Wildform haben. Das Ziel ist dabei die systematische Vererbung besonders wünschenswerter Eigenschaften wie Größe, Farbe, Form und Geschmack, die Widerstandsfähigkeit gegenüber Schädlingen und Krankheiten, die Anpassung an verschiedene Böden, die Verbesserung des Ernteertrags, die Verkürzung der Reifezeit und anderes mehr. Während Arten und Unterarten nach genau festgelegten Regeln gebildete, zumeist latinisierte Namen haben, die sich aus den Bezeichnungen für die Gattung, Art und gegebenenfalls Unterart (ssp.) und Varietät (var.) zusammensetzen, können Sortennamen, die man durch einfache Anführungszeichen kennzeichnet, aus den unterschiedlichsten Sprachen stammen. Häufig beziehen sie sich auf eine besondere Eigenschaft der Pflanzen oder den jeweiligen Züchter.

K

Kletterrahmen

Ein aus zwei oder drei Stangen A-förmig zusammengestelltes, am Kreuzungspunkt zusammengebundenes Gestell aus Holz oder einem anderen Material, das über eine Kletterpflanze gestellt wird und dieser dann zum Hochwinden dient.

Diese Kletterrahmen lassen sich sehr leicht selbst herstellen und eignen sich z. B. gut für Kletterbohnen, die 2 – 3 m Höhe erreichen können. Als Alternative bieten sich hier aber auch die sogenannten Bohnengitter an. Dabei handelt es sich um Plastikgitter, die zwischen zwei Kletterbohnenstauden senkrecht in den Boden gerammt werden und somit gleich zwei Pflanzen eine Klettermöglichkeit geben.

Kompost

Ein gezielt erzeugter Humus aus verrotteten Gartenabfällen und oft auch anderen organischen Materialien wie Kaffeesatz, Eierschalen oder Teebeutel. Die Zersetzung erfolgt hauptsächlich durch Bakterien, Pilze und bestimmte tierische Organismen, etwa Regenwürmer. Dagegen werden beim Mist die Ausscheidungen pflanzenfressender Tiere weiter abgebaut.

Kompost ist reich an Nährstoffen, die von Pflanzen leicht aufgenommen werden können. Für die meisten von ihnen ist das Nährstoffangebot in reinem Kompost allerdings viel zu üppig, sodass man ihn mit herkömmlicher Gartenerde mischen muss. Nur Kürbisgewächse gedeihen nirgendwo besser als auf einem älteren Komposthaufen! Insbesondere kiesige oder sandige Böden müssen oft mit Kompost untermischt werden, um sowohl ihren Nährstoffgehalt als auch ihre Fähigkeit zum Speichern von Feuchtigkeit zu verbessern.

→ Humus
→ Kompostieren (siehe S. 61)

M

Mulch

Eine Schicht eines Materials, das zwischen den Gemüsepflanzen und auf freien Flächen verteilt wird und dadurch die Ansiedlung von Unkräutern erschwert, aber auch die Verdunstung der Bodenfeuchtigkeit stark verringert. Ist das Mulchmaterial biologisch abbaubar, wirkt es zusätzlich als Dünger.

In der Vergangenheit wurde zum Mulchen häufig Stroh verwendet, während es heute für diesen Zweck eine Reihe unterschiedlicher Materialien gibt. Im Gemüsegarten nimmt man besonders gern Stoffe, die sich im Laufe eines Jahres zersetzen und so als zusätzlicher Dünger dienen, etwa Flachsschrot, Hanfbruch, Rasenschnitt, Kompost, gut abgelagerten Mist, Kakaobohnenschalen und ähnliches. Damit die erwünschten Effekte erzielt werden, ist eine Mulchschicht von 7–8 cm Höhe erforderlich. Sie wird auf von Unkräutern befreiter und vorzugsweise frisch umgegrabener Erde verteilt.

→ Unkraut jäten (siehe S. 30)

Mutterpflanze

Als Mutterpflanze wird das Individuum bezeichnet, von dem Stecklinge, Ableger oder Samen genommen werden. Während es sich bei Exemplaren, die man durch Stecklinge oder Ableger erhält, um exakte Kopien (Klone) der Mutterpflanze mit all ihren Eigenschaften handelt, sind Samen das Resultat einer sexuellen Vermehrung. Das Ergebnis ist folglich eine Mischung der Eigenschaften der beiden daran beteiligten Individuen.

P

Pflanzbehälter

Früher wurden Pflanzen fast ausschließlich in Tontöpfen kultiviert. Heute wird dagegen überwiegend Kunststoff verwendet, sei es in Form von Töpfen, Schalen, Multitopfplatten oder Säcken.

Kunststoffbehälter sind nur für das Auskeimen oder Vorziehen gedacht, sodass die in solchen Töpfen gekauften Pflanzen baldmöglichst in die Erde müssen. Ist das aus irgendwelchen Gründen nicht möglich, sollte man sie zwischenzeitlich in Tontöpfe umpflanzen, die im Durchmesser etwa 2 cm größer als das alte Gefäß sind und bereits mit Pflanzerde versehen wurden, die dem späteren Standort entspricht. Denken Sie daran, die Töpfe vor der Entnahme der Setzlinge mindestens 15 Minuten lang in klarem Wasser einzuweichen.

Aus Torffasern gepresste Töpfe dienen nur der Anzucht von Keimlingen und dem anschließenden, schonenden Auspflanzen. Wenn die so vorgezogenen Setzlinge die richtige Größe erreicht haben, müssen sie in den Garten. Dazu wird der Topf mit eingegraben, denn er zersetzt sich durch die Bodenfeuchtigkeit und dank der zahlreichen Mikroorganismen recht schnell und trägt dann zur Düngung der unmittelbaren Umgebung bei (aber auch deren vorübergehender Ansäuerung). Torftöpfe sind naturgemäß recht zerbrechlich und sollten nur angefasst werden, wenn es unbedingt nötig ist. Falls Sie Ihre eigenen Setzlinge vorziehen und solche Töpfchen verwenden, lagern Sie diese bis zur späteren Verwendung unbedingt an einem trockenen Platz – möglichst sogar in Plastikfolie eingeschweißt.

Tontöpfe erfüllen heute in der Gemüsegärtnerei fast nur noch den Zweck, dass man stark wuchernde Pflanzen darin zieht, um sie in ihrem Wachstum etwas einzuschränken. Dabei macht man es sich zunutze, dass die Töpfe das Wurzelwachstum einschränken und damit die Ausbreitung der Pflanze in Grenzen halten. Dazu kann man die Töpfe auch in den Boden eingraben, muss dann allerdings daran denken, sie mindestens alle zwei Jahre wieder herauszuholen, um die darin wachsende Pflanze zu teilen und sie mit neuer Erde zu versorgen.

→ Vorziehen in Torftöpfchen (siehe S. 18)
→ Vorgezogene Pflanzen setzen (siehe S. 20)

Pflanzhügel

Ein Pflanzhügel ist ein gewölbt angelegtes Beet oder auch eine erhöhte Reihe mit Pflanzen.

Im Gemüseanbau verwendet man Pflanzhügel für Gemüse, die keine Staunässe vertragen. Ein typisches Bespiel dafür sind Kartoffeln. Das erhöhte Anpflanzen bewirkt, dass Wasser selbst bei starkem Regen schnell in tiefere Schichten versickert, sodass der obere Teil des Hügels zügig abtrocknen kann.

→ Kartoffeln setzen (siehe S. 38)

Pflanzloch

Eine Vertiefung in der Erde zur Aufnahme eines oder mehrerer Samenkörner oder eines Setzlings. Die richtige Tiefe ist von der jeweiligen Pflanze abhängig und wird auf Samentüten angegeben bzw. leitet sich aus der Größe des Setzlings ab. Eine Saatfurche ist im Prinzip ebenfalls ein Pflanzloch, wenn auch zumeist ein sehr langes.

R

Regenmesser

Ein Auffangbehälter mit Skala, der die Menge Wasser anzeigt, die pro Quadratmeter den Boden erreicht hat.

Regenmesser sind überaus nützlich zur Einschätzung der jeweiligen Bodenfeuchtigkeit, die sich durch Regenfälle verändert hat oder auch durch Wässern mit Schlauch oder Sprenger. Ein Millimeter auf der Skala entspricht einem Liter pro m^2. Einmal Wässern sollte im Mittel 5 mm ergeben oder auch mehr, wenn der Boden nicht mit einer Mulchschicht abgedeckt ist.

→ Wässern (siehe S. 24)
→ Wasser sparen beim Gießen (siehe S. 53)

Reifezeit

Der Zeitraum zwischen dem Setzen einer Gemüsepflanze und deren Ernte.

Diese Zeitspanne ist von größter Wichtigkeit bei der richtigen Auswahl einer Art oder Sorte für einen bestimmten Standort. In Gegenden mit langen Wintern ist der für Sommergemüse zur Verfügung stehende Zeitrahmen naturgemäß kleiner als in Gebieten mit einem früh einsetzenden Frühling und einem späten Herbst. Man sollte daher unbedingt beachten, ab wann eine Sorte gepflanzt werden kann und wie lange sie dann bis zur Erntereife benötigt, um diesen Zeitraum auf die jeweiligen klimatischen Bedingungen abzustimmen. Während sich schnell reifende Sorten natürlich auch für Gemüsegärten mit langen Sommern eignen, sind solche mit langer Reifezeit naturgemäß ausschließlich diesen vorbehalten.

Rückschnitt

Bei Kleingärtnern werden unter diesem Begriff Maßnahmen zusammengefasst, die eine Pflanze in einer bestimmten Form oder Größe halten oder sie zum weiteren Verzweigen oder erneuten oder verstärkten Blühen veranlassen und dadurch den Ernteertrag erhöhen.

Während sich bei zarteren Pflanzen entsprechende Triebe einfach mit dem Fingernagel abzwicken lassen, benötigt man für stärkere Zweige, etwa von Beerensträuchern, schon eine Gartenschere. Ein Rückschnitt ist immer dann erforderlich, wenn es darum geht, eine Pflanze zum Ausbilden neuer Triebe anzuregen oder um sie von welken oder von Schädlingen (Blattläuse etc.) befallenen Teilen zu befreien.

Unter Umständen kann auch ein Wurzelrückschnitt erforderlich sein, etwa bei Setzlingen mit nackten Wurzeln. Dazu wird zunächst die Hälfte der oberirdischen Teile der neu zu setzenden Pflanze entfernt. Auf diese Weise verringert sich ihre Oberfläche, was dazu führt, dass der Verlust an Flüssigkeit durch Verdunstung und der vom Wurzelwerk zu deckende Flüssigkeitsbedarf ebenfalls halbiert werden und die Pflanze mehr Energie auf das Wurzelwachstum verwenden kann. Anschließend werden aber auch noch die frei liegenden Wurzeln um ein Drittel eingekürzt, weil dies dazu führt, dass die Pflanze verstärkt neue Wurzeln bildet, was wiederum der Verankerung im Boden und dem Erschließen von zusätzlichen Nährstoffquellen zugute kommt. Im Endeffekt wächst eine so behandelte Pflanze besser und schneller an. Eine solche Maßnahme ist vor allem bei Setzlingen von Lauch, Blattsalat und Kohl erforderlich.

→ Lauch pflanzen (siehe S. 48)

S

Saatfurche

Im Gegensatz zur Auswurfsaat handelt es sich hier um das gezielte Verteilen von Samenkörnern in bestimmten Abständen. Dazu dient eine in den Boden gezogene Furche.

Saatfurchen legt man am einfachsten mit dem Stielende einer Harke oder Hacke an. Damit sie gerade wird, kann man eine Schnur spannen, entlang derer die Furche gezogen wird. Die Tiefe richtet sich nach dem jeweiligen Saatgut und ist auf der Samentüte angegeben. Generell verlangen kleine Samen flache und große tiefere (bis 3 cm) Saatfurchen. Mit der Ausnahme von Feldsalat, Spinat und ganz wenigen anderen Gemüsen muss der Boden zuvor aufgelockert werden. Nach der Aussaat wird die Furche zugeharkt und gewässert.

Schädlinge und Krankheiten

Blattläuse

Blattläuse sind kleine Insekten von 2–3 mm Größe, die Pflanzen anstechen, um sich dann von ihrem Saft zu ernähren. Einzelne Exemplare sind völlig harmlos, nur leider treten sie oft in Massen auf und können einem Gemüsebeet dann erheblichen Schaden zufügen. Es gibt schwarze, grüne und weißliche Blattläuse in verschiedenen Größen. Zu ihren natürlichen Fressfeinden gehören vor allem Marienkäfer, aber auch einige andere, räuberisch lebende Insekten fressen gern Blattläuse.

Ameisen „melken" sie hingegen nur wegen des süßen Saftes, den die Pflanzensauger ausscheiden, und verteidigen ihre „Herden" bisweilen sogar gegen den Gärtner! Das bei Zierpflanzen anwendbare Abspritzen mit Seifenwasser ist bei Gemüse eher problematisch. Stattdessen sollte man befallene Triebe abzwicken und zertreten. Bei Massenbefall hilft oft nur ein Spritzmittel.

Echter Mehltau

Echter Mehltau kann durch unterschiedliche Pilze verursacht werden. Erkennen kann man den Befall an einem zumeist dichten, weißen Belag auf jungen Teilen der Pflanze, vor allem auf Blättern, Trieben und Knospen. Der Pilz ernährt sich vom Saft der Pflanzen und behindert durch seine Ablagerung außerdem lebenswichtige physiologische Vorgänge. Echter Mehltau tritt vorzugsweise während trockener, heißer Perioden auf und lässt sich daher oft auch schon durch ausreichendes Feuchthalten des Gemüsegartens verhindern. Und auch bei leicht befallenen Pflanzen hilft oft schon das Besprühen mit Wasser, während man bei starkem Befall am besten ein spezielles Spritzmittel anwendet, mit dem die Pflanzen ein- bis zweimal behandelt werden müssen.
Bei fruchtenden Gemüsen kann man den Befall der Blätter ignorieren, wenn die Früchte bereits gut ausgebildet und erntereif sind.

Flohkäfer

Diese Schädlinge findet man hauptsächlich auf Pflanzen aus der Familie Brassicaceae (z.B. Herbstrübe und Kohl), aber manchmal auch auf Radieschen. Sie sind nur 2–3 mm lang und tauchen vorzugsweise nachts während heißer und trockener Phasen im Sommer auf. Die von ihnen hinterlassenen Schäden sind am nächsten Tag dann kaum zu übersehen: zahllose kleine Löcher in den Blättern, die wie ein Angriff mit Feinschrot aussehen. Verschiedene Vögel fressen diese Käfer, jedoch wird man bei einem Massenbefall um den Einsatz eines spezifischen Insektizids aus dem Fachhandel nicht herumkommen.

Kaninchen

Die an und für sich possierlichen Tiere können im Garten sehr schnell zu einem Ärgernis werden. Und haben sie sich erst einmal in einem Gebiet eingenistet, wird man sie nur sehr schwer wieder los. Im Fachhandel bekommt man mit einem chemischen Mittel getränkte Schnüre, die man ganz dicht über dem Boden zwischen Pflöcken spannen kann und deren Geruch die Tiere dann abschreckt. Wenn Ihr Garten eingezäunt ist, können Sie den unteren Bereich zusätzlich mit feinmaschigem Kaninchendraht absichern, der allerdings auch 25 cm tief in den Boden reichen sollte, damit ein Untergraben verhindert wird.

Raupen

Raupen treten manchmal völlig überraschend in großer Zahl auf. Oft war an einem Tag noch nicht eine zu sehen, und am nächsten Tag sind die Pflanzen in Massen befallen. Die größte Gefahr geht von den Raupen im Frühjahr aus, wobei Kohl häufig besonders stark betroffen ist, weil der Kohlweißling, ein weißer Schmetterling mit kleinen schwarzen Flecken auf der Flügeloberseite, seine Eier darauf ablegt. Aus diesem Grund sollte man gerade Kohl im Frühling regelmäßig nach Schmetterlingseiern absuchen, die sich normalerweise in dichten Gruppen auf den Blattunterseiten befinden, und die man natürlich sofort entfernt. Aber auch die Raupen lassen sich später noch bekämpfen. Handelt es sich nur um wenige, kann man auch diese einfach absammeln; bei einem massenweisen Auftreten wird man zumeist ein biologisches Insektizid auf Grundlage von *Bacillus thuringiensis* einsetzen müssen. Dieses parasitisch lebende Bakterium vernichtet die Raupen in weniger als 24 Stunden.

Schnecken

Nackt- und Gehäuseschnecken fressen die Blätter, Blüten und Triebe vieler Gemüsepflanzen und können, wenn sie in größerer Zahl auftreten, manchmal ganze Ernten vernichten. Sie sind hauptsächlich nachts aktiv, denn sie brauchen eine feuchte Umgebung, weswegen sie auch verstärkt im Frühjahr und Herbst zu einem Ärgernis werden. Schützen kann man seine Pflanzen, wenn man sie mit etwa 10 cm breiten Streifen aus Holzasche umgibt oder gleich mit Schneckenkorn aus dem Fachhandel. Sind es nur vergleichsweise wenige Schnecken, bieten sich auch Bierfallen an. Diese bestehen aus steilwandigen Plastikgefäßen, die ebenerdig in den Boden eingegraben, 2–3 cm hoch mit Bier gefüllt und teilweise mit Pappe abgedeckt werden. Die Schnecken werden von dem Geruch des Bieres angezogen, kriechen in die Behälter und ertrinken dann in der Flüssigkeit.
Neben den erwähnten, gibt es aber noch zahlreiche andere Tiere, Pilze und Krankheiten, die Probleme im Gemüsegarten verursachen können. Wenn die angerichteten Schäden zu groß werden, muss man herauszufinden, um welche Schädlinge oder Krankheiten es sich handelt und sie gegebenenfalls mit einem speziellen Mittel aus dem Fachhandel beseitigen. Erwähnt sei noch am Rande, dass die winzigen Larven des Erbsenblattrandkäfers in einem Erbseneintopf durchaus sehr wohlschmeckend sind.

→ Schnecken fernhalten (siehe S. 40)
→ Schutzmaßnahmen (siehe S. 26)
→ Spritzen (siehe S. 28)

Setzling

Jungpflanze, die nach dem Auskeimen über der Erdoberfläche erscheint oder in einem Gefäß gezüchtet wird.
Setzlinge müssen immer ausreichend mit Wasser versorgt sein, außerdem sind sie überaus empfindlich gegenüber Schädlingsbefall, Krankheiten, chemischen Mitteln und vor allem Beschädigungen. Daher muss man mit Setzlingen, z.B. beim Umpflanzen, sehr vorsichtig umgehen.

Spalierobst

Durch das Anbinden an ein Spalier zwingt man Obstbäume in eine bestimmte, zumeist zweidimensionale Wuchsform. Früher diente das vor allem einer optimalen Nutzung der vorhandenen Fläche und einer einfacheren Ernte, heute spaliert man auch aus ästhetischen Gründen.

Schnurbaum

Der Schnurbaum ist die einfachste Form des Spalierens. Hierzu wird etwa 50 cm über dem Boden ein fester, waagerechter Draht gespannt. An diesem befestigt man einen geeigneten Zweig der Krone des noch jungen Bäumchens, während alle anderen entfernt werden. Dieser Trieb wird künftig als Stamm weiter kultiviert, indem man nur an ihm seitliche Austriebe duldet. Später muss der wachsende Trieb dann immer wieder neu an dem Spanndraht befestigt werden. Aus dieser einfachen Form lassen sich mehrere Variationen ableiten. Zum einen kann man zwei Äste wählen, die entlang desselben Spanndrahts in entgegengesetzte Richtungen geführt werden. Außerdem sind mehrere „Etagen" möglich, indem man in Abständen von 50 cm zwei oder drei Spanndrähte übereinander anlegt, entlang derer man mehrere Äste ein- oder beidseitig anbindet (waagerechte Palmette). Zum Anbinden muss ein weiches Material verwendet werden, z. B. Bast, damit es nicht zu Einschnürungen kommt. Draht und Plastik (z. B. Kabelbinder) sind weniger geeignet, denn sie werden später leicht vergessen. Da die Triebe an Durchmesser zunehmen, muss das Anbinden ganz locker erfolgen.

Apfel- und Birnbäume werden am häufigsten als Schnurbäume verwendet.

Andere Formen

Im Prinzip ist nahezu jede Gestalt möglich, solange nur die Hauptwuchsrichtung nicht nach unten weist. Notwenig sind lediglich entsprechend angebrachte Spanndrähte. Abstände von 50 cm zwischen den Drähten reichen in den meisten Fällen aus.

Unterschiedliche Obstbaumsorten reagieren bisweilen unterschiedlich auf verschiedene Spalierformen. Kirsch- und Aprikosenbäume eignen sich z. B. besonders gut für eine Form mit mehreren Verzweigungen, und Apfel- und Birnbäume bevorzugen eine nach oben ausgerichtete Form. Bisweilen wird die Wuchsform sogar von der Sorte vorgegeben: Die Birne 'Passe-Crassane' bringt normalerweise nur dann ausreichend Früchte hervor, wenn sie in U-Form gezogen wird.

→ Spalierobst anpflanzen (siehe S. 71)

Spritzen

Das Behandeln von erkrankten Pflanzen mit chemischen Mitteln.

In einem Gemüsegarten lässt es sich manchmal einfach nicht vermeiden, chemische Mittel gegen Schädlinge und Krankheiten einzusetzen. Je einheitlicher oder großflächiger die Beete bepflanzt wurden, desto größer ist die Wahrscheinlichkeit, dass man irgendwann Spritzmittel benutzen muss.

Es gibt aber auch Pflanzen, die über Abwehrmechanismen gegen bestimmte Schädlinge und Krankheiten verfügen. Und diese beeinflussen oft sogar die direkte Umgebung, in der ein solches Exemplar wächst. Diese Eigenschaften kann man sich durch gründliche Planung des Gemüsegartens zunutze machen und so häufig auch benachbarte Pflanzen schützen. Dadurch lässt sich der Einsatz von Spritzmitteln in vielen Fällen verringern oder sogar vermeiden.

Spritzmittel werden entweder als Flüssigkonzentrate oder in Granulat- oder Pulverform angeboten. Sie müssen stets auf eine bestimmte Konzentration verdünnt werden, die auf der Verpackung oder im Beipackzettel angegeben ist und die sich je nach Verwendungszweck durchaus erheblich unterscheiden kann. Da es sich um Gifte handelt, sollte man jeglichen Kontakt mit der Haut oder den Schleimhäuten unbedingt vermeiden. Die Substanzen haben in aller Regel nur eine begrenzte Haltbarkeit, sodass das Verfallsdatum zu beachten ist. Die Lagerung muss außerhalb der Reichweite von Kindern oder Haustieren und entsprechend der Herstellervorschriften erfolgen. Dazu gehört auch, dass manche Mittel lichtempfindlich sind.

Die auf eine eher zufällige Entdeckung im 19. Jahrhundert zurückgehende Bordeauxbrühe ist ein Fungizid (Pilzbekämpfungsmittel), das aus Kalkmilch und Kupfersulfat sowie oft auch noch weiteren Zusätzen hergestellt wird. Wegen der nicht unerheblichen Umweltbelastung und der potenziellen Gesundheitsgefahr für den Anwender ist der Gebrauch seit einigen Jahren nicht mehr überall erlaubt.

→ Spritzen (siehe S. 28)

Stauden

Stauden verholzen im Gegensatz zu Strauchgewächsen nicht, sind aber ebenfalls mehrjährig. Diese Eigenschaft ist dabei nicht mit „winterhart" gleichzusetzen und auch nicht mit „wuchsfreudig" oder gar „widerstandsfähig". Ein anderer Begriff ist „Mehrjährige", was den Kern der Sache gut trifft.

Sträucher

Pflanzen mit verholzenden Stämmen und Zweigen, die zusammen einen mehr oder weniger dicht verzweigten Busch bilden und eine maximale Höhe von 3–5 m nicht wesentlich überschreiten.

Obststräucher sind zumeist sehr langlebig und benötigen normalerweise sehr wenig Pflege. Viele bieten das ganze Jahr über einen attraktiven Anblick, müssen aber allein aus praktischen Gründen (Ernte) regelmäßig zurückgeschnitten werden. Wie, wann und wie viel ist dabei von der jeweiligen Pflanze abhängig. Große Sträucher eignen sich mitunter auch zum Anbinden an ein Spalier.

→ Spalierobst

U

Umpflanzen

Wenn im Frühbeet vorgezogene Setzlinge eine Höhe von rund 10 cm erreicht haben, müssen sie in den Gemüsegarten ausgepflanzt werden.
Wurde nicht in Töpfchen ausgesät, müssen sie dazu mit einer Pflanzschaufel aus der Erde genommen werden. Dann werden die einzelnen Pflänzchen vorsichtig voneinander getrennt und in angemessenen Abständen zueinander in die endgültigen Beete eingepflanzt.
Viele Wurzelgemüse, etwa Möhren, dürfen auf keinen Fall umgepflanzt werden. Daher sät man sie gleich an ihrem endgültigen Standort aus, denn sie wachsen nicht wieder an, wenn sie einmal aus der Erde genommen wurden.

→ Frühbeet
→ Pflanzbehälter

V

Veredeln

Unter diesem Begriff versteht man das Transplantieren eines Pflanzenteils auf das Wurzelwerk einer anderen Sorte oder nahe verwandten Art. Es handelt sich um eine Form der vegetativen (ungeschlechtlichen) Vermehrung.
Ein Grund für das Veredeln ist eine beschleunigte Produktion von Setzlingen, etwa im Falle von Obstbäumen. Die Methode erfordert einiges an Sachkenntnis, Geschick sowie spezielles Werkzeug und ist daher normalerweise nur etwas für Züchter. Der Gärtner sollte lediglich wissen, dass die Veredelungsstelle (zumeist als eine Art Knoten zu erkennen) nicht mit eingegraben werden darf und dass alle darunter entstehenden Triebe entfernt werden müssen.

Vereinzeln

Unter Vereinzeln versteht man das Entfernen einiger Jungpflanzen, damit die verbleibenden Exemplare genügend Raum für eine ungestörte Entwicklung haben.
Die Samen mancher Pflanzen sind sehr klein, und es ist bisweilen schwierig, sie in den richtigen Abständen zu verteilen (bei der Auswurfsaat sind diese Abstände ohnehin rein zufällig). Somit ist es nicht unwahrscheinlich, dass einige Pflanzen zu dicht nebeneinander stehen. In den meisten Fällen müssen die Abstände daher korrigiert werden, wenn die Pflanzen eine Größe von 3 – 5 cm erreicht haben. Hierzu werden jeweils die schwächsten Pflänzchen aus den zu eng wachsenden Gruppen entfernt, sodass sich die stärkeren nunmehr ungestört entwickeln können. In vielen Fällen werden aber auch absichtlich mehrere Samen in ein Pflanzloch gegeben, weil sich Keimlinge in einer Konkurrenzsituation oftmals besonders schnell entwickeln. Hier ist ein nachfolgendes Vereinzeln obligatorisch, da sich die viel zu eng stehenden Pflanzen letztlich so stark behindern würden, dass keine ihr volles Potenzial erreicht.

→ Vereinzeln (siehe S. 14)

W

Wurzelhals

Der Übergangsbereich zwischen den Wurzeln und dem oberirdischen Austrieb einer Pflanze, also ihrem Stängel oder Stamm.
Der Wurzelhals sollte sich beim Setzen einer Pflanze in den meisten Fällen über der Erdoberfläche befinden, selbst wenn er später durch Anhäufeln bedeckt wird. In diesem Fall entwickeln sich dort neue Wurzeln, und der eigentliche Wurzelhals wird nach oben verlagert. Bei einem Baum kann dieser 10 cm lang sein, bei einer Tomatenpflanze beträgt er weniger als 1 cm.

→ Tomaten anpflanzen (siehe S. 43)
→ Spalierobst anpflanzen (siehe S. 71)
→ Anhäufeln
→ Veredeln

Z

Zubehör

Doppelhacke

Dieses Gerät hat auf der einen Seite eine kleine, schlanke Haue oder eine zwei- bis dreizinkige Gabel und auf der anderen zumeist ein lanzettförmiges Blatt. Die

Doppelhacke dient zum Aufbrechen der Bodenoberfläche beim Unkrautjäten zwischen Pflanzreihen, kann aber auch zum Auflockern kleiner Flächen und zum Anhäufeln eingesetzt werden. Es empfiehlt sich die Anschaffung eines geschmiedeten Modells.

Gartenkralle
Die Kralle wird zum Aufbrechen der Bodenoberfläche auf eine Tiefe von etwa 5 cm verwendet, was mit einer normalen Harke aufgrund des geringeren Gewichts und den vielen, eng stehenden Zinken nur schlecht möglich ist. Für ein tieferes Auflockern oder Umgraben würde man hingegen eine Grabgabel einsetzen. Die Kralle wird einfach mit ihrem Eigengewicht eingeschlagen und dann zum Körper gezogen. Diese Maßnahme ist vor allem dann erforderlich, wenn gesät oder gepflanzt werden soll oder wenn sich die Oberfläche so verdichtet hat, dass Regen- und Gießwasser eher ablaufen als versickern.

Haue
Die Haue ist eine schwere Hacke, die aber eine schmalere und dafür längere Klinge hat als die Ziehhacke und oft auch einen dickeren und kürzeren Stiel. Soll damit ein besonders harter Boden aufgebrochen werden, wird zweihändig eingeschlagen und dann nach oben gekippt. Andere Verwendungsmöglichkeiten sind das Entfernen großer Wurzeln, aber auch das Anhäufeln. Da der Umgang ein Arbeiten mit gebeugtem Rücken erfordert, kann ein längerer Gebrauch nach einiger Zeit recht schmerzhaft sein. Das Blatt sollte mindestens einmal im Jahr nachgeschliffen werden.

Pflanzholz
Heute sind Pflanzhölzer zumeist aus einem Stück Metallrohr gefertigt. Sie haben eine konische Form und dienen zum Einpflanzen von Gemüse wie Lauch, Kohl oder Blattsalat. Dazu wird das Pflanzholz einfach in den zuvor aufgelockerten Boden gedrückt.

Pflanzschaufel
Die Pflanzschaufel wird, wie der Name schon andeutet, zum Anlegen von kleineren Pflanzlöchern eingesetzt; für größere würde man einen Spaten oder eine Schaufel nehmen. Es handelt sich um eine kleine, schlanke und zugespitzte Schaufel mit Handgriff. Man hält sie wie einen Dolch, den man senkrecht in den aufgelockerten Boden rammt und dann zu sich heranzieht, sodass ein etwa 10 cm großes Pflanzloch in der gewünschten Tiefe entsteht. Gerade hier sind Billigprodukte aus dünnem Blech keine gute Wahl: Sie verbiegen sich sehr schnell und brechen schließlich ab.

→ Werkzeug und Zubehör pflegen (siehe S. 72)

Spargelstecher
Dieses zumeist 30 – 40 cm lange Stecheisen dient eigentlich zum Stechen von Spargelstangen, man kann es aber auch zum Entfernen von Unkräutern mit langen Pfahlwurzeln benutzen, etwa von Löwenzahn oder Wegerich. Am besten funktioniert das, wenn es vorher ordentlich geregnet hat; andernfalls empfiehlt es sich, den Boden durch Wässern entsprechend aufzuweichen. Zum Entfernen des Unkrauts greift man es am Blattschopf, sticht das Eisen direkt daneben senkrecht in den Boden und kippt es dann nach hinten, sodass das scharfe Ende des Werkzeugs die Wurzel tief unter der Oberfläche durchtrennt. Auf diese Weise hat die unerwünschte Pflanze kaum eine Chance, erneut auszutreiben.

→ Unkraut jäten (siehe S. 30)

Ziehhacke
Diese Hacke eignet sich mit ihrem dünnen, scharfen Blatt hervorragend zum Unkrautjäten auf größeren Flächen. Durch leichtes Einschlagen in den Boden von vorn nach hinten wird die Erdoberfläche aufgebrochen, sodass man das Unkraut samt der Wurzeln ganz leicht herausziehen kann. Gleichzeitig wird die Bodenoberfläche dabei so weit aufgelockert, dass das Gießwasser sofort versickert und auf diese Weise den Gemüsepflanzen zugute kommt und nicht verdunstet. Geschmiedete Modelle sind am haltbarsten, müssen aber hin und wieder nachgeschliffen werden.

Zwiebelsetzer
Auch hierbei handelt es sich um eine Art Pflanzholz, allerdings um eines mit einem hohlen Zylinder, sodass man mithilfe dieses Werkzeugs einen „Bohrkern" ausheben kann. Durch seine spezielle Form eignet sich der Zwiebelsetzer aber auch zum Ernten von Möhren. Manche Modelle verfügen über einen Schieber, mit dem der Bohrkern herausgeschoben werden kann.

A

B

C

D

E

F

G

H

I

J

K

L

M

N

O

P

Bildnachweis

Fotos
Die Fotos für dieses Buch wurden von G + S Photographie © Coll. Larousse (34, 44, 56, 66), bzw. von der Bildagentur MAP/Mise au point (ZAC des Aunettes, D27-10, Boulevard Louise-Michel, F-91030 Evry Cedex, Frankreich) zur Verfügung gestellt. Daran beteiligt waren:
F. Buffetrille: 101; A. Chopin: 72; A. Descat: 39, 42, 49, 50, 60, 64, 71, 73, 77, 80, 81, 90, 92, 93, 94, 97, 98, 99, 100, 102; F. Didillon: 6, 32, 43, 51, 52, 54, 59, 62, 76, 78, 79, 81, 82, 83, 84, 86, 87, 88, 89, 91, 92, 100; M. Duyk: 48; A. Guerrier: 80; F. Lamarque: 85; N. & P. Mioulane: 39, 40, 41, 47, 49, 53, 63, 65, 69, 70, 71, 76, 77, 82, 96; Y. Monel: 72, 101; C. Nichols: 74; Noun: 38, 40, 48, 53, 54, 60, 61, 62, 69, 78, 79, 83, 84, 85, 87, 89, 90, 93, 94, 95, 96; Noun et Gaëlle: 37, 38, 43, 61.

Zeichnungen
Denise Bazin: 36, 46, 58, 68; Sylvie Rochart: 9, 11, 13, 15, 17, 19, 21, 23, 25, 27, 29, 31, 107, 110; Élise Toublanc: Überwachung

Impressum

ISBN 978-3-8094-2592-2

Originaltitel: Les Petits Truffaut – Potager sans souci

Umschlaggestaltung: Atelier Versen, Bad Aibling
Übersetzung: Herprint international CC, Thomas Ulber, Bredell, Südafrika
Grafische Gestaltung: Jean-Yves Grall
Gesamtproducing: berliner buch.macher
Herstellung: Sonja Storz

Druck: TIEN WAH PRESS, Singapur
Printed and bound in Singapore

817 2635 4453 6271